LIRE LE XVIIe SIÈCLE
sous la direction de Delphine Denis et Christian Biet
45

Série *Littérature, libertinage et spiritualité*
dirigée par Sophie Houdard
6

Pascal et *son* libertin

Ce travail a été réalisé au sein du LabEx COMOD
(ANR-11-LABX-0041) de l'université de Lyon,
dans le cadre du programme « Investissements d'avenir »
(ANR-11-IDEX-0007) de l'État français,
géré par l'Agence nationale de la recherche (ANR).

Antony McKenna

Pascal et *son* libertin

PARIS
CLASSIQUES GARNIER
2017

Antony McKenna est ancien élève de Christ's Hospital et de Brasenose College à Oxford, professeur émérite de littérature française à l'université Jean-Monnet – Saint-Étienne. Il est l'auteur d'une thèse intitulée *De Pascal à Voltaire* (Oxford, 1990), codirecteur du *Dictionnaire de Port-Royal* (Paris, 2004) et directeur de l'édition critique de la *Correspondance de Pierre Bayle* (Oxford, 1999-2017, 15 vol.).

ISBN 978-2-406-06843-3 (livre broché)
ISBN 978-2-406-06844-0 (livre relié)
ISSN 2108-9876

AVANT-PROPOS[1]

L'anthropologie de la « misère de l'homme sans Dieu » dans les *Pensées* de Pascal, sa définition de la vanité et de la misère, l'expression qu'il donne à l'effroi de l'incroyant devant l'univers doublement infini, son analyse lucide de la « raison des effets » politiques et sociaux, sa quête de sens et son étonnement devant le mystère de la nature humaine, c'est ce qui a attiré et fasciné les lecteurs depuis des siècles. Ce portrait de la nature humaine frappe non seulement par son éloquence mais aussi par sa pertinence : aucun apologiste chrétien n'a exprimé avec tant de justesse le point de vue d'un *incroyant* sur le monde et sur sa propre nature. Or, cette anthropologie sert de point de départ d'une argumentation apologétique qui vise à conduire l'interlocuteur incroyant à la foi : en ce sens, elle est ce sur quoi l'apologiste et son interlocuteur se mettent d'accord avant d'entamer l'argument *ad hominem* apologétique proprement dit. Autrement dit, cette anthropologie découle d'un constat commun à l'apologiste et à l'incroyant, et il importe de comprendre qu'ils partagent cette vision de la nature humaine – en dehors de toute science biblique ou théologique – car c'est ce qui nous permet de mesurer la cohérence et l'efficacité de l'argumentation apologétique de Pascal.

Il ne lui suffira pas de déclarer que, si on croit en Dieu, on est plus heureux dans ce monde et qu'on aura des chances d'être encore plus heureux par la suite. Certes, Pascal déclare que « vous y gagnerez en cette vie » (S. 680, 681), mais il ne se contente pas de ce constat pour convertir son interlocuteur incroyant. Tous les superstitieux peuvent dire de même. Il faut des arguments cohérents à la hauteur du constat anthropologique. Il ne suffit pas de dire que Dieu peut nous accorder la grâce et ainsi nous serons sauvés. Ce serait le meilleur moyen de nous inspirer la désinvolture, car on n'aurait qu'à se laisser aller à ses

1 Un grand merci à ceux qui m'ont aidé par leur lecture d'une première version de cette étude : Élodie Argaud, Christine Jackson-Holzberg, Anne McKenna, Bruno Roche et Fabienne Vial-Bonacci.

penchants et à laisser faire la toute-puissance divine. Il ne suffit pas non plus d'accorder un statut surnaturel au « sentiment » de la foi, qui nous permettrait d'échapper à la misère qui est la nôtre, car ce serait une pétition de principe qui réduirait à néant le constat anthropologique initial : s'il existe en l'homme une faculté psychologique qui lui permette de sortir de l'incertitude et de l'angoisse par ses propres forces, où est la misère ? On sortirait d'emblée de la « seconde nature », ce qui est évidemment – selon l'anthropologie augustinienne – impossible sans le secours d'une grâce surnaturelle. Par ses propres moyens, l'homme est incapable de « passer outre ».

Non, Pascal ne se contente pas de ces balivernes. Il construit un argument cohérent pour conduire son interlocuteur incroyant à la foi. Il ne dispose pas de la grâce : son argumentation doit être cohérente sur le plan de la « seconde nature », sur celui des capacités *rationnelles* de son interlocuteur : il ne peut viser qu'à inspirer à l'homme une foi *humaine*, une conviction, fondée sur des arguments cohérents, que la doctrine chrétienne est vraie et le désir d'inculquer en lui-même le *sentiment* de la foi par un comportement qui corresponde à cette conviction. À quoi bon, puisque seule la foi qu'inspire la grâce divine est salvatrice ? L'apologiste déclare explicitement qu'il cherche à « donner [aux incroyants] la religion » par « raisonnement, en attendant que Dieu la leur donne par sentiment de cœur, sans quoi la foi n'est qu'humaine et inutile pour le salut » (S. 142). Certes, « la foi est un don de Dieu » et non pas un « don de raisonnement » (S. 487), mais Pascal croit fermement qu'il vaut mieux se convaincre par les preuves, s'y confirmer par la coutume et ainsi « s'offrir par les humiliations aux inspirations [de la grâce] » (S. 655), plutôt que de « tenter Dieu » en attendant avec désinvolture son intervention.

C'est parce que Pascal vise à convertir l'incroyant par des arguments rationnels que ses écrits constituent l'expression complexe et intéressante d'une philosophie chrétienne et que la cohérence voulue de son argumentation constitue un témoignage privilégié sur le libertinage *tel qu'il le concevait*. Il oppose argument à argument, il s'adresse à un honnête homme qui réfléchit et qui est susceptible de reconnaître la cohérence d'une argumentation et d'agir en conséquence. Le profil intellectuel de *son* libertin apparaît ainsi entre les lignes de l'argumentation apologétique.

La grande découverte philologique du XXe siècle, en ce qui concerne les *Pensées*, fut celle de Louis Lafuma[2], qui reconnut dans les « liasses à titre » ou « dossiers » l'ordre conçu par Pascal pour son apologie. Ses travaux ont été approfondis, à l'aide des recherches paléographiques de Pol Ernst[3], par Philippe Sellier et par Laurent Thirouin[4]. Même s'il reste des zones d'ombre, ces travaux permettent de conclure que la cohérence globale de son argumentation ne peut apparaître que si on interprète les fragments selon la perspective des liasses (ou dossiers) où ils ont été classés par Pascal et que l'on saisit le sens d'un même thème envisagé sous différents aspects dans des liasses différentes. Ce travail d'interprétation – philologique, littéraire, philosophique et théologique – se fait depuis plusieurs années par un petit groupe de chercheurs dirigés par Dominique Descotes et Laurent Thirouin et les résultats de leurs réflexions paraissent régulièrement sur le site dédié aux *Pensées* de Pascal géré par le Centre International Blaise Pascal : http://www.penseesdepascal.fr/[5]. À quoi bon, peut-on donc se demander, publier une étude sur les *Pensées*, puisque ce séminaire de longue haleine vise à faire la synthèse de toutes les interprétations ? Ce serait sous-estimer la complexité des *Pensées* et du travail d'interprétation. Suivre l'ensemble des quelque 800 fragments dans le détail, les rapports qui les lient les uns aux autres, les renvois intertextuels implicites, les implications logiques de telle ou telle interprétation pour l'ensemble de la lecture de la philosophie religieuse de Pascal, c'est un travail gigantesque qui ne saurait faire l'objet d'une rapide synthèse. Les directeurs du site en question visent à fournir une lecture historique des différentes versions

2 Pascal, Blaise, *Pensées*, éd. L. Lafuma, Paris, Luxembourg, 1950, Préface. Voir aussi J. Mesnard, « Aux origines de l'édition des *Pensées* : les deux copies », in *Les « Pensées » de Pascal ont trois cents ans*, Clermont-Ferrand, G. de Bussac, 1971, p. 1-30, et Pascal, *Pensées*, éd. Ph. Sellier, Paris, Clasiques Garnier, 1991, Introduction, p. 23-31.

3 Ernst, P., *Les Pensées de Pascal, géologie et stratigraphie*, Paris, Universitas/Oxford, Fondation Voltaire, 1996.

4 Thirouin, L., « Les premières liasses des *Pensées* : architecture et signification », *XVIIe siècle*, 177 (1992), p. 451-468, article repris dans *Pascal ou le défaut de la méthode. Lecture des* Pensées *selon leur ordre*, Paris, Honoré Champion, 2015, p. 71-96 ; Sellier, Ph., *Port-Royal et la littérature. Pascal*, 2e éd. Paris, Honoré Champion, 2010, section I : *Philologiques*, p. 103-182, comprenant des articles publiés initialement entre 1992 et 2003, qui définissent le statut de différentes liasses (ou dossiers) des *Pensées* et précisent que l'*Entretien de Pascal avec M. de Sacy* faisait bien partie du projet apologétique de Pascal. Voir aussi Proust, G., « Les copies des *Pensées* », *Courrier du Centre international Blaise Pascal*, 32 (2010), p. 4-47.

5 Sur le séminaire, voir aussi : https://www.bib-port-royal.com/seminairedescotesgen.html.

de chaque fragment dans les divers manuscrits et dans diverses éditions des *Pensées* et d'y ajouter toutes les références bibliographiques des travaux de recherche pertinents… Cette masse d'informations est difficile à appréhender, d'autant qu'il est rare de trouver deux lecteurs de Pascal qui soient d'accord sur l'interprétation de tel ou tel aspect de sa pensée. Un tel projet dépasse manifestement les dimensions du petit livre que je propose, où j'aborde les *Pensées* sous un angle très particulier et où, par souci de brièveté, je ne développe pas toutes les conséquences de tous les fragments cités. Mon attention porte essentiellement sur le « noyau dur » de la philosophie religieuse de Pascal et de la philosophie libertine qu'il vise à contrer. Il y a beaucoup de fragments pertinents que je ne cite pas, mais j'espère que mon analyse des fragments cités permettra de mieux saisir le sens des autres. La bibliographie pascalienne est immense ; il m'importait donc de limiter la perspective pour proposer une interprétation synthétique.

LE STATUT DU LIBERTIN DANS LES *PENSÉES* DE PASCAL

L'interprétation des *Pensées* de Pascal doit se fonder essentiellement sur une interprétation de la lecture pascalienne de la philosophie libertine. On n'y a guère accordé d'attention dans la tradition critique, mais le bien-fondé et la cohérence de l'argumentation pascalienne découlent manifestement de l'argumentation qu'il compte combattre, c'est-à-dire donc de la philosophie libertine telle qu'il l'entend. C'est sur les principes du libertin qu'il fonde son argument apologétique, car il compte montrer, par un argument *ad hominem*, que le libertin est un insensé, qui calcule mal son intérêt, qui méconnaît sa nature et qui lit mal l'Écriture alors que celle-ci seule fournit la clef de sa condition actuelle. Le dialogue ne peut s'engager que sur des principes communs. Pascal doit donc définir la nature humaine en des termes tels que le libertin tombe d'accord avec lui et écoute ensuite les arguments qui visent à le conduire vers la foi.

La question de la philosophie du libertin interlocuteur de Pascal dans les *Pensées* ne semble guère préoccuper la critique, quoique, d'évidence, notre interprétation de la cohérence de l'ensemble de l'apologie pascalienne dépend de cette question : à qui Pascal s'adresse-t-il ? Quelle est la philosophie qu'il attribue à son interlocuteur ? Le silence des critiques sur cette question précise a été engendré sans doute par le discrédit jeté sur l'argumentation scripturaire de Pascal. D'abord, en opérant une singulière confusion entre scepticisme philosophique et scepticisme religieux, Victor Cousin[1] a refusé de prendre au sérieux la foi pascalienne, comme si on ne pouvait à la fois refuser les preuves cartésiennes de l'existence de Dieu et proposer de bonnes raisons de croire. Dans le même sens, Albert Monod[2] écarte les preuves scriptu-

1 Cousin, V., *Des* Pensées *de Pascal*, Paris, Ladrange, 1842.

2 Monod, A., *De Pascal à Chateaubriand : les défenseurs du christianisme de 1670 à 1802*, Paris, Alcan, 1916.

raires et réduit l'apologétique pascalienne à la ferveur du sentiment personnel, qui annoncerait à ses yeux celui du Vicaire Savoyard. Ensuite, Lucien Goldmann[3] réduit l'argumentation apologétique au « pari » et veut donner une dimension tragique à ce calcul d'intérêt. La deuxième partie de l'apologie l'intéresse peu : il s'en tient au portrait de la misère humaine ; le seul pari suffit alors, à ses yeux, à définir la foi du chrétien et à conduire l'incroyant à la foi.

Le malheur a voulu que la thèse de René Pintard sur le « libertinage érudit » (1943 et 1962), qui aurait dû servir de clef pour comprendre le rapport entre la philosophie religieuse de Pascal et la philosophie de Gassendi, a fini par constituer un obstacle à cette lecture. En effet, d'une part, pour des raisons assez obscures, essentiellement psychologiques peut-être ou bien qui tiennent précisément à la réception de la philosophie de Gassendi, Pintard classe Gassendi parmi les libertins, ce qui a entraîné une grande méfiance chez les critiques spécialistes de l'œuvre de Pascal à l'égard de toute tentative de rapprocher Pascal de Gassendi. D'autre part, paradoxalement, Pintard a méconnu la philosophie du libertin interlocuteur de Pascal dans les *Pensées*[4]. En effet, il cite les milieux fréquentés par Pascal – les cercles de Jacques Le Pailleur, de Mersenne et surtout de Habert de Montmort – et établit que Pascal a bien dû connaître les doctrines des libertins érudits, mais avoue qu'il est « déconcerté par la place très restreinte que les *Pensées* accordent à leurs problèmes ». Ainsi, souligne-t-il, Pascal réduit le scepticisme à celui de Montaigne, et l'épicurisme à la débauche vulgaire, alors qu'il faisait l'objet d'une réhabilitation philosophique dans les ouvrages de Gassendi. Et Pintard en arrive à réduire la portée de l'apologie, qui ne s'adresserait qu'aux libertins gens du monde, aux libertins « honnêtes gens », tels que Méré et Mitton. Cette réponse à la question de l'identité de l'interlocuteur me semble profondément insatisfaisante. D'ailleurs, cette interprétation déçoit Pintard lui-même, puisqu'il conclut en parlant

3 Goldmann, L., *Le Dieu caché, étude sur la vision tragique dans les* Pensées *de Pascal et dans le théâtre de Racine*, Paris, Gallimard, 1955.

4 Pintard, R., « Pascal et les libertins », in *Pascal présent, 1662-1692*, Clermont-Ferrand, De Bussac, 1963, p. 105-130. Mesnard, J., *Les « Pensées » de Pascal*, Paris, SEDES, 1976, p. 124, adopte la même position, de même que Wetsel, D., *Pascal and disbelief. Catechism and conversion in the « Pensées »*, Washington, Catholic University of America Press, 1994, qui aborde la question des libertins combattus par Pascal, mais, tout en proposant une esquisse de la diversité du libertinage au XVIIe siècle, n'arrive pas (se) convaincre que Pascal avait réellement lu les auteurs en question.

d'un Pascal « fougueux », « impatient », « téméraire », d'un « génie intransigeant et cavalier » : entendons que Pintard est déçu par le peu de substance philosophique de l'argumentation apologétique telle qu'il la lit. À mes yeux, cette conclusion est paradoxale car Pintard avait étudié de près la philosophie de Gassendi et était le mieux armé, à l'époque de la publication de sa thèse, pour reconnaître l'influence de Gassendi sur Pascal. C'est sans doute sa lecture « libertine » de Gassendi qui l'a empêché de reconnaître les traits communs entre l'épistémologie du prévôt de Digne et celle du mathématicien, scientifique et philosophe de Port-Royal. Depuis cette date, de nombreux travaux de recherche[5] permettent de mieux préciser la nature de cette influence et de mieux mesurer ses conséquences en ce qui concerne la philosophie religieuse de Pascal.

Je tenterai ici de mettre en évidence la cohérence de la philosophie pascalienne de la foi en soulignant les traits de sa psychologie et donc de son épistémologie qui rattachent les *Pensées* aux ouvrages de Gassendi : à ses *Objections* aux *Méditations métaphysiques* de Descartes et à sa *Disquisitio*

5 Rochot, B., *Les Travaux de Gassendi sur Épicure et sur l'atomisme*, Paris, Vrin, 1944 ; Gassendi, Pierre, *Dissertations en forme de paradoxes contre les aristotéliciens*, éd. et trad. B. Rochot, Paris, Vrin, 1959 ; Gassendi, Pierre, *Disquisitio metaphysica. Recherches métaphysiques ou doutes et instances contre la métaphysique de Descartes et ses réponses*, éd. et trad. B. Rochot, Paris, Vrin, 1962 ; Jasinski, R., « Les deux infinis de Pascal », *Revue d'histoire de la philosophie*, 7 (1933), p. 134-159 ; *Pierre Gassendi, sa vie et son œuvre, 1592-1655*, Centre International de Synthèse, Paris, Albin Michel, 1955 ; T. Gregory, *Scetticismo ed empirismo, Studio su Gassendi*, Bari, Laterza, 1961 ; Bloch, O., *La Philosophie de Gassendi. Nominalisme, matérialisme et métaphysique*, La Haye, Nijhoff, 1971 ; Lennon, T. M., *The Battle of the Gods and Giants. The legacies of Descartes and Gassendi, 1655-1715*, Princeton, Princeton University Press, 1993 ; Murr, S. (dir.), *Bernier et les gassendistes*, numéro spécial *Corpus*, 20/21 (1992) ; *idem* (dir.), *Gassendi et l'Europe (1592-1792)*, Paris, Vrin, 1997 ; Mazauric, S., *Gassendi, Pascal et la querelle du vide*, Paris, PUF, 1998 ; Darmon, J.-C., *Philosophie épicurienne et littérature au XVIIe siecle : études sur Gassendi, Cyrano de Bergerac, La Fontaine, Saint-Évremond*, Paris, PUF, 1998 ; Taussig, S., « Gassendi, Naudé et La Mothe Le Vayer », *Libertinage et philosophie au XVIIe siècle*, 2 (1997), p. 63-74 ; *idem*, *Pierre Gassendi, introduction à la vie savante*, Turnhout, Brepols, juin 2003 ; *idem*, « La vie d'Épicure par Gassendi », in G. Paganini et E. Tortarolo (dir.), *Der Garten und die Moderne, Epikureische Moral und Politik vom Humanismus bis zur Aufklärung*, Stuttgart Bad Canstatt, Frommann-Holzboog, 2004, p. 139-161 ; *idem*, *Les Lettres latines de Gassendi*, Turnhout, Brepols 2004 ; *idem*, *Vie et mœurs d'Épicure par Pierre Gassendi*, version bilingue, Paris, Les Belles Lettres, 2005 ; Paganini, G., « Épicurisme et philosophie au XVIIe siècle. Convention, utilité et droit selon Gassendi », *Studi filosofici*, 12-13, (1989-1990), p. 5-45 ; *idem*, « Hobbes, Gassendi und die Hypothese der Weltvernichtung », in M. Mulsow et M. Stamm (dir.), *Konstellationsforschung*, Frankfurt-am-Main, Suhrkamp, 2005, p. 258-339 ; Wilson, C., *Epicureanism at the origin of modernity*, Oxford, Clarendon Press, 2008.

metaphysica. Selon ma lecture, Pascal trouvait chez Gassendi les fondements de son portrait de la condition humaine, portrait sur lequel l'apologiste et son interlocuteur libertin tombent d'accord au cours des premiers « chapitres » des *Pensées*, et l'apologiste compte conduire son libertin de ces prémisses à la foi. La philosophie de Gassendi apparaît ainsi comme une plaque tournante, en quelque sorte, interprétée par les libertins comme le fondement de leur incroyance, exploitée par Pascal pour conduire le libertin à la foi. D'où l'intérêt des *Pensées* de Pascal comme témoignage sur le libertinage de l'âge classique.

En effet, encore une fois, la philosophie du libertin me paraît une question vitale pour l'interprétation de l'intention apologétique de Pascal. Certes le portrait que Pascal peint de son interlocuteur est peu flatteur. L'incroyant affiche une désinvolture qui est proprement insupportable aux yeux de l'apologiste, et Pascal ramène cette « indifférence » libertine à un raisonnement incohérent, à un paradoxe monstrueux. C'est une page célèbre des *Pensées :* Pascal attribue le discours suivant à son interlocuteur libertin :

> Je ne sais qui m'a mis au monde, ni ce que c'est que le monde, ni que moi-même. Je suis dans une ignorance terrible de toutes choses. Je ne sais ce que c'est que mon corps, que mes sens, que mon âme et cette partie même de moi qui pense ce que je dis, qui fait réflexion sur tout et sur elle-même, et ne se connaît non plus que le reste. Je vois ces effroyables espaces de l'univers qui m'enferment, et je me trouve attaché à un coin de cette vaste étendue, sans que je sache pourquoi je suis plutôt placé en ce lieu qu'en un autre, ni pourquoi ce peu de temps qui m'est donné à vivre m'est assigné à ce point plutôt qu'en un autre de toute l'éternité qui m'a précédé et de toute celle qui me suit.
>
> Je ne vois que des infinités de toutes parts, qui m'enferment comme un atome et comme une ombre qui ne dure qu'un instant sans retour.
>
> Tout ce que je connais est que je dois bientôt mourir, mais ce que j'ignore le plus est cette mort même que je ne saurais éviter. (S. 681)[6]

À cette étape de l'apologie, il s'agit de constater la « vanité » de la condition humaine, autrement dit son absurdité : « car il n'y a pas de *raison* pourquoi ici plutôt que là, pourquoi à présent plutôt que lors » (S. 102). La condition humaine est absurde, elle est dépourvue de *sens*.

6 Nous citons les *Pensées* d'après l'édition établie par Ph. Sellier, Paris, Bordas, 1991, dont l'ordre se retrouve dans l'édition Ph. Sellier et G. Ferreyrolles, Paris, Librairie Générale Française (Livre de Poche), 2000, et dans les *Pensées, opuscules et lettres*, édition de Ph. Sellier, Paris, Classiques Garnier, 2011.

Or, l'apologiste fonde sur ce constat une conclusion « libertine » paradoxale et provocatrice :

> Comme je ne sais d'où je viens, aussi je ne sais où je vais, et je sais seulement qu'en sortant de ce monde je tombe pour jamais ou dans le néant, ou dans les mains d'un Dieu irrité, sans savoir à laquelle de ces deux conditions je dois être éternellement en partage. Voilà mon état, plein de faiblesse et d'incertitude. Et de tout cela je *conclus* que je dois *donc* passer tous les jours de ma vie sans songer à chercher ce qui doit m'arriver. Peut-être que je pourrais trouver quelque éclaircissement dans mes doutes, mais *je n'en veux pas prendre la peine, ni faire un pas pour le chercher.* Et après, en traitant avec mépris ceux qui se travailleront de ce soin, *je veux aller sans prévoyance et sans crainte tenter un si grand événement, et me laisser mollement conduire à la mort, dans l'incertitude de l'éternité de ma condition future.* (*ibid.* : je souligne)

En somme, il refuse d'attribuer au libertin une philosophie cohérente ; il lui refuse même le bon sens :

> Qui souhaiterait d'avoir pour ami un homme qui discourt de cette manière ? Qui le choisirait entre les autres pour lui communiquer ses affaires ? Qui aurait recours à lui dans ses afflictions ?
>
> Et enfin, à quel usage de la vie pourrait-on le destiner ? (*ibid.*)

Le libertin, en somme, ne sait pas vivre… : c'est un fou, une tête légère :

> En vérité, il est glorieux à la religion d'avoir pour ennemis des hommes si *déraisonnables…* (*ibid.* : je souligne)

Le libertinage se fonde, par définition, sur des apories évidentes : c'est une *déraison* aux yeux de l'apologiste. Mais cette indifférence, cette désinvolture, cette déraison sont feintes :

> Il faut qu'il y ait un étrange renversement dans la nature de l'homme pour faire gloire d'être dans cet état [de doute et d'indifférence], dans lequel il semble incroyable qu'une seule personne puisse être. Cependant l'expérience m'en fait voir en si grand nombre que cela serait surprenant, si nous ne savions que *la plupart de ceux qui s'en mêlent se contrefont et ne sont pas tels en effet.* Ce sont des gens qui ont ouï dire que les belles manières du monde consistent à faire ainsi l'emporté. C'est ce qu'ils appellent avoir secoué le joug, et qu'ils essaient d'imiter… (*ibid.* : je souligne)

Le libertinage n'est, dans le fond, qu'une imposture, une rodomontade.

Cependant, Pascal n'en reste pas là. Il dénonce violemment l'indifférence de l'incroyant, mais, une fois qu'il l'a incité à envisager avec attention sa véritable condition, il construit un argument cohérent pour le conduire à la foi, c'est-à-dire, en premier lieu, pour l'inciter à reconnaître l'authenticité de l'Écriture Sainte. Il faut donc préciser les principes philosophiques du libertin tels que Pascal les conçoit, puisque c'est sur ces principes qu'il fondera la suite de son argument, qui le conduira à regarder de plus près « l'Écriture et le reste ».

LA VANITÉ ET LA MISÈRE

Fondement de l'anthropologie pascalienne

C'est sur le constat commun de la *Vanité* et de la *Misère* que Pascal fonde son dialogue avec le libertin. Il constate, en effet, avec l'accord implicite de son interlocuteur, des aberrations qui provoquent l'étonnement et le rire. Il relève des traits de comportement qui trahissent un manque de rationalité, soit que la raison apparente est manifestement *insuffisante*, soit qu'elle est *instable et incertaine*, soit enfin qu'elle est *insaisissable*[1]. La vanité qui provoque l'étonnement, le rire et l'indignation de Pascal est celle d'une causalité défaillante. Il observe le monde, il constate la « faiblesse » de l'homme et il en décortique les symptômes sur le plan de la logique. Il constate que les hommes se comportent de telle ou telle façon et que la raison apparente de ce comportement est futile : le fait absurde et dérisoire s'impose là où nous attendrions, espérerions, exigerions une raison.

> Un bout de capuchon arme 25 000 moines. (S. 52)
> La puissance des mouches [...] (S. 56)
>
> [Certains] aiment mieux la mort que la paix, les autres aiment mieux la mort que la guerre [...] (S. 63)
>
> Deux visages semblables, dont aucun ne fait rire en particulier, font rire ensemble par leur ressemblance. (S. 47)
> Quelle vanité que la peinture, qui attire l'admiration par la ressemblance des choses dont on n'admire pas les originaux. (S. 74)

La *Vanité* que Pascal dénonce est un « dysfonctionnement logique », car il décrit un monde où le corps, l'arbitraire, le hasard tient lieu de raison, et où les hommes font *comme s'*ils y trouvaient une véritable raison, une logique, une cohérence, de véritables valeurs.

---

1 Je reprends ici les termes de Thirouin, L., « Les premières liasses des *Pensées* : architecture et signification", *XVIIe siècle*, 177 (1992), p. 451-468.

> Il a quatre laquais. (S. 53)
> Il demeure au-delà de l'eau. (S. 54)

Et il conclut :

> Ce qui m'étonne le plus est de voir que tout le monde n'est pas étonné de sa faiblesse. On agit sérieusement et chacun suit sa condition, non pas parce qu'il est bon en effet de la suivre puisque la mode en est, mais comme si chacun savait certainement où est la raison et la justice. [...] (S. 67)

Le dossier *Vanité* constitue ainsi une désignation des paradoxes qui sont les symptômes de l'absence de sens.

La *Misère*, c'est, selon la belle formule de Laurent Thirouin[2], « le fait pour l'homme de vivre dans un univers en proie à la *vanité* » : c'est l'expérience douloureuse de l'absurde, de l'absence de sens. Le sentiment de la misère de l'incroyant (« l'homme sans Dieu ») s'inspire donc d'une nostalgie du sens, d'une conception rationnelle de l'*ordre* légitime des raisons, de la raison, et du constat d'un désordre, d'un *renversement de l'ordre* dans la nature humaine.

J'entends *nostalgie du sens* au sens où Alain Robbe-Grillet reprochait au Sartre de *La Nausée* de ne pas se contenter d'observer le monde tel qu'il est mais d'en avoir la *nausée* précisément parce qu'il est dépourvu de sens. Le corps est là, dit-il, il s'impose tel qu'il est ; il n'a pas de sens ; il n'est pas investi de valeurs humaines ; il est étranger aux exigences et aux valeurs humaines. La nausée est une nostalgie du sens dans un monde qui n'en a jamais eu[3]. On pourrait aussi comparer l'absence de sens dans le monde pascalien de la *misère de l'homme sans Dieu* à l'absurde du monde de Samuel Beckett, où les hommes se racontent des histoires et « attendent Godot » pour s'empêcher de reconnaître l'évidence : que leur vie n'a pas de sens. On pourrait même aller plus loin et constater que, sans la foi, sans Dieu, la misère de l'homme pascalien est celle des personnages de Tennessee Williams, embarqués sur le *tramway* qu'ils ne sauraient arrêter et qui les soumet à l'arbitraire de la force et du désir. C'est, en effet, une vision très « moderne » de la nature humaine. Bien d'autres auteurs ont mis en scène l'absurdité et la violence du monde tel qu'il est. Quoi qu'il en soit, la *vanité* choque Pascal et l'indigne : elle

2 *Ibid.*
3 Robbe-Grillet, A., *Pour un nouveau roman*, Paris, Éditions Minuit, 1963.

lui est insupportable par l'*ennui* (au sens fort) qu'elle lui inspire : un sentiment d'angoisse et de dégoût *existentiel*. Dans un monde absurde, toute activité humaine est réduite à un « divertissement » (S. 168).

Ainsi, Pascal envisage l'absurde comme un *désordre*, comme un scandale qui doit être justifié, qui doit s'expliquer. La souffrance vient précisément de ce que « [je ne sais] pourquoi je suis plutôt placé en ce lieu qu'en un autre, ni pourquoi ce peu de temps qui m'est donné à vivre m'est assigné à ce point plutôt qu'en un autre de toute l'éternité qui m'a précédé et de toute celle qui me suit » (S. 681) ; « il n'y a pas plus de raison de choisir l'un que l'autre » (S. 227) :

> Quand je considère la petite durée de ma vie absorbée dans l'éternité précédente et suivante [...] le petit espace que je remplis et même que je vois, abîmé dans l'infinie immensité des espaces que j'ignore et qui m'ignorent, *je m'effraie et m'étonne de me voir ici plutôt que là, car il n'y a point de raison pourquoi ici plutôt que là, pourquoi à présent plutôt que lors*. Qui m'y a mis ? Par l'ordre et la conduite de qui ce lieu et ce temps a-t-il été destiné à moi ? (S. 102 : je souligne).

L'homme ne saisit pas le sens de sa vie et n'a pas les moyens de saisir le principe et la fin du monde. Il est perdu dans l'univers, « un milieu entre rien et tout, infiniment éloigné de comprendre les extrêmes, la fin des choses et leur principe sont pour lui invinciblement cachés dans un secret impénétrable » (S. 230) :

> Ne cherchons donc point d'assurance et de fermeté. Notre raison est toujours déçue par l'inconstance des apparences, rien ne peut fixer le fini entre les deux infinis qui l'enferment et le fuient. (S. 230)

L'homme ne pourra apercevoir que quelque « apparence du milieu des choses » (*ibid.*).

Une parenthèse. Cette incertitude est souvent désignée par Pascal comme « pyrrhonisme », mais elle est, à vrai dire, un détournement du doute pyrrhonien, en ce sens que Pascal fait le bilan des connaissances humaines et constate l'impuissance de la raison. En effet, le pyrrhonien authentique – par opposition au sceptique néo-académique – n'aboutit jamais à une conclusion même provisoire ; il est enfermé dans le doute et ne saurait en sortir ; son doute même est source de doute et ne saurait être source de certitude. Ainsi, il est illégitime, du point de vue strictement pyrrhonien, de conclure, même provisoirement, à l'impuissance de la raison. Le pyrrhonien doute et ne peut que douter, par définition : il doit poursuivre sa quête de vérité par l'exercice de la raison. Conclure à la faiblesse de la raison, tirer la conséquence de l'impuissance humaine implique de réduire le pyrrhonisme au scepticisme académique.

Rappelons brièvement sur ce point une leçon des travaux précieux de Charles Schmitt[4] : ce sont les *Academica* de Cicéron qui fournissent à Lactance et à Augustin leur lecture du scepticisme. C'est Pyrrhon, retrouvé par l'intermédiaire de Sextus Empiricus, traduit par Gentien Hervet et par Henri Estienne, qui inspire le scepticisme de Montaigne, triomphant au début du XVIIe siècle. Lorsque Saint-Cyran prend la défense de Charron contre Garasse, en 1626, nous avons donc affaire non pas à la rencontre entre l'augustinisme et le pyrrhonisme, mais à celle entre un disciple d'Augustin et une interprétation des *Essais* de Montaigne, en l'occurrence à l'interprétation de Pierre Charron[5]. En effet, Saint-Cyran constate l'impuissance de l'homme déchu, incapable d'accéder à la vérité par ses propres forces, incapable de réaliser son salut sans le secours de la grâce : le disciple augustinien fait le bilan de la quête rationnelle de la vérité, constate avec le sceptique que l'homme demeure dans les

4 Schmitt, C., *Cicero scepticus. A study of the influence of the « Academica » in the Renaissance*, La Haye, Martinus Nijhoff, 1972. Voir aussi Naya, E., *Le Phénomène pyrrhonien : lire le scepticisme au XVIe siècle*, thèse inédite, université de Grenoble 3, 2000, et Giocanti, S., « La fécondité des *Académiques* de Cicéron dans l'histoire du scepticisme », in *La réception des* Académiques *à l'Âge moderne*, dossier de la revue *Astérion. Philosophie, histoire des idées, pensée politique*, 11 (2013).

5 Garasse, François Garassus, dit, *La Doctrine curieuse des beaux esprits de ce temps ou prétendus tels [...]*, Paris, Sébastien Chappelet, 1623, éd. J. Salem, Paris, Belles Lettres, 2009; du même, *La Somme théologique des veritez capitales de la religion chrestienne*, Paris, Sébastien Chappelet, 1625, et Saint-Cyran, Jean Duvergier de Hauranne, abbé de, *La Somme des fautes et faussetez capitales contenues en la Somme théologique du père François Garasse de la Compagnie de Jésus*, Paris, J. Bouillerot, 1626. Sur cette querelle, voir Popkin, R. H., *The History of scepticism from Erasmus to Spinoza*, Berkeley etc., University of California Press, 1979, *Histoire du scepticisme d'Érasme à Spinoza*, Paris, PUF, 1995 (trad. de la 2e édition), chap. IV et VI ; Godard DE Donville, L., *Le Libertin des origines à 1665, un produit des apologètes*, Seattle, PFSCL, 1989; Belin, C., *L'Œuvre de Pierre Charron, 1541-1603. Littérature et théologie de Montaigne à Port-Royal*, Paris, Champion, 1995 ; Jouhaud, C., « La méthode de François Garasse », in L. Giard et L. de Vaucelles (dir.), *Les Jésuites à l'âge baroque (1540-1660*, Grenoble, Jérôme Millon, 1996, p. 243-260, et « 1626 : les jésuites parisiens dans l'œil du cyclone », in *Pouvoirs, contestations et comportements dans l'Europe moderne. Mélanges en l'honneur du professeur Yves-Marie Bercé*, Paris, PUPS, 2005, p. 185-199 ; Damme, S. van, *L'Épreuve libertine : morale, soupçon et pouvoirs dans la France baroque*, Paris, CNRS, 2008 ; Ménand, J., *Le Père jésuite François Garasse (1585-1631) : un écrivain engagé du premier dix-septième siècle*, thèse sous la dir. de L. Thirouin, université de Lyon 2, 2016.

ténèbres de l'incertitude et confirme ainsi l'anthropologie augustinienne : la nature humaine est corrompue par le péché ; l'ignorance humaine est une conséquence de la Chute. Sur ce plan, Pascal reste fidèle à l'exemple de Saint-Cyran : il applique au pyrrhonisme de Montaigne la lecture que faisait Saint-Cyran de la *Sagesse* de Charron. Il tire sa conclusion, qui est un bilan de la nature humaine :

> Condition de l'homme. Inconstance, ennui, inquiétude. (S. 58)

Il n'y a pas de raison. Or, « notre intelligence tient dans l'ordre des choses intelligibles le même rang que notre corps dans l'étendue de la nature » (S. 230). Le corps s'impose dans la nature humaine comme dans l'univers des Deux Infinis. En effet, la « nature » humaine est « aujourd'hui pareille à celle des animaux » (S. 149) : « l'homme est devenu semblable aux bêtes » (S. 182). Qu'est-ce que Pascal entend par là ? Comment envisage-t-il la nature animale ?

La réponse à cette question est suggérée par un fragment énigmatique :

> L'histoire du brochet et de la grenouille de Liancourt : ils le font toujours et jamais autrement, ni autre chose d'esprit. (S. 617).

Le contexte qui permet de comprendre ce fragment est donné par Nicolas Fontaine dans ses *Mémoires* :

> Mais puis-je oublier le plaisant entretien où ce bon seigneur [le duc de Liancourt] ferma la bouche à M. Arnauld, tout savant qu'il était ? On parlait de la philosophie de M. Descartes, qui était alors l'entretien de toutes les compagnies. M. Arnauld, qui avait un esprit universel, y était fort habile, et avait fait à M. Descartes des objections fort savantes. Comme donc en parlant des bêtes il soutenait à corps [*sic*] et à cri que ce n'étaient que des horloges, et qu'en criant c'était une roue d'horloge qui faisait du bruit, M. de Liancourt lui dit : « J'ai là-bas deux chiens qui tournent la broche chacun leur jour. Un se trouvant embarrassé de cela, se cacha lorsqu'on l'allait prendre, et on eut recours sur son camarade. Le lendemain, trouvant le jeu beau, il fait encore la même chose. Le troisième jour, lorsqu'on prenait toujours son camarade pour tourner au lieu de lui, ce camarade cria et fit signe de la queue qu'on le suivît. Il alla dénicher l'autre dans le grenier et le houspilla. Sont-ce là des horloges ? », dit-il. M. Arnauld trouva cela si plaisant qu'il ne put faire autre chose que rire[6].

6 Fontaine, Nicolas, *Mémoires ou histoire des Solitaires de Port-Royal*, Utrecht, 1736, II, p. 470 ; éd. P. Thouvenin, Paris, Honoré Champion, 2001, p. 909 : je cite le passage d'après cette dernière édition.

On connaît « l'histoire du brochet et de la grenouille de Liancourt » selon la version publiée par un grand spécialiste anglais de la pêche, Izaac Walton :

> Mais avant d'aller plus loin, il faut que je vous dise qu'il y a une grande antipathie entre le brochet et certaines grenouilles : c'est ce qu'apprend le lecteur de Dubravius, évêque de Bohême, qui, dans son livre *Des poissons et des étangs*, fait part de ce qu'il a vu de ses propres yeux et qu'il n'a pu s'empêcher de raconter au lecteur. Voilà l'histoire : Alors que lui et l'évêque Thurzo se promenaient au bord d'un étang en Bohême, ils virent une grenouille sauter sur la tête d'un brochet pendant que celui-ci se reposait tranquillement près du rivage ; les joues enflées et les yeux hagards de la grenouille exprimaient son agressivité ou sa colère, et elle étendit ses pattes pour entourer la tête du brochet ; peu après elle atteignit les yeux qu'elle creva avec les pattes et avec les dents ; torturé de douleur, le brochet se précipitait ici et là dans l'étang, se frottant contre les herbes et contre tout ce qui pouvait lui permettre de se débarrasser de son adversaire ; mais en vain, car la grenouille continuait à chevaucher triomphalement, et à mordre et à torturer le brochet jusqu'à ce qu'il n'ait plus de force ; et alors la grenouille plongea avec le brochet au fond de l'eau ; peu après, elle reparut, et croassa, et semblait se réjouir comme un conquérant, après quoi elle se retira dans sa cachette. L'évêque, qui avait suivi le duel, ordonna à son pêcheur de prendre ses filets et de faire de son mieux pour récupérer le brochet pour qu'ils puissent faire le récit de cet événement ; on retira alors le brochet de l'eau, et ses deux yeux avaient été arrachés ; et alors qu'ils commençaient à s'en étonner, le pêcheur les interrompit pour les assurer que les brochets rencontrent souvent une telle mort[7].

Et on sait, par le témoignage de Marguerite Périer, la nièce de Pascal, qu'il retenait de la philosophie de Descartes la théorie de la nature mécanique des animaux (et qu'il n'en retenait que cette théorie) : les animaux ne sont que corps[8] ; ils agissent par « instinct » corporel ; s'ils crient lorsqu'on les malmène, c'est comme un réveil qui sonne ; s'ils agitent la queue ou donnent d'autres signes apparents de plaisir, ce n'est également que par réflexe machinal. Les *Mémoires* de Fontaine et le

7 Walton, Izaac, *The Compleat Angler*, 2e éd., London, 1655, p. 200 : je traduis.

8 Périer, Marguerite, « Mémoire sur Pascal et sa famille », in Pascal, Blaise, *Œuvres complètes*, éd. J. Mesnard, Paris, Desclée de Brouwer, 1964, I, p. 1105 : « [Pascal] parlait peu de science ; cependant, quand l'occasion s'en présentait, il disait son sentiment sur les choses dont on parlait ; par exemple sur la philosophie de Descartes il disait assez ce qu'il pensait. Il était de son sentiment sur l'automate, et n'en était point sur la matière subtile dont il se moquait fort. »

Recueil de choses diverses[9], recueil de conversations chez le duc de Liancourt vers 1670, témoignent de la pratique d'expériences de vivisection chez le duc de Luynes à Vaumurier.

« L'anecdote de la grenouille et du brochet de Liancourt » ne constitue pas pour Pascal une réfutation du système cartésien, car celui-ci n'admet pas le poids de l'expérience et du témoignage : les animaux sont nécessairement des machines. Sur ce point, Pascal – suivant Descartes – résiste aux exemples et à la conclusion de Montaigne, « il y a plus de distance de tel homme à tel homme que de tel homme à telle bête[10] ». À l'encontre de l'auteur des *Essais*, il ne fait aucun doute pour Pascal que les animaux sont des machines (S. 137, 139, 143, 617), mais il insiste ici sur le fait que la nature humaine fonctionne *maintenant* comme une machine : l'homme est « *automate* autant qu'esprit » : le corps s'impose dans la nature humaine et dicte sa loi à l'esprit. Nous verrons plus loin de quelle manière le corps s'impose. Pour l'instant, qu'il suffise de reconnaître que l'absence de raison, l'absence de sens et la domination *mécanique* du corps est ce qui définit la misère de l'homme : « ce qui est nature aux animaux nous l'appelons misère en l'homme » (S. 149). La « nature » actuelle de l'homme est animale, dominée par le corps. C'est ce qui constitue cet « étrange renversement » dans la nature humaine (S. 681). Certes, dans cette *misère*, l'homme se distingue des animaux par une grandeur, mais celle-ci reste à définir.

---

9 Voir Lesaulnier, J., *Port-Royal insolite. Édition critique du « Recueil de choses diverses »*, Paris, Klincksieck, 1992.

10 Montaigne, Michel de, *Essais*, I, 42, éd. E. Naya, D. Reguig-Naya et A. Tarrête, Paris, Gallimard (coll. « Folio »), 2009, I, p. 468.

LA GRANDEUR DE L'HOMME

Dans le contexte d'une telle anthropologie, qui, en un premier temps, assimile la nature humaine à la nature animale, quelle est la grandeur ? C'est une question cruciale pour la définition du libertinage tel que Pascal l'envisage. Le corps de l'homme est perdu dans l'univers infini des corps. Cependant, une réflexion sur le corps lui permet de découvrir un autre principe de sa vie psychologique : « Qu'est-ce qui sent du plaisir en nous ? Est-ce la main, est-ce le bras, est-ce la chair, est-ce le sang ? On verra qu'il faut que ce soit quelque chose d'immatériel. » (S. 140). L'homme n'est donc pas entièrement corps : il y a en lui un principe immatériel que Pascal appelle pensée (S. 143), ou raison (S. 144), ou âme (S. 147). Plus loin, il reprend le vocabulaire cartésien : le moi consiste dans ma pensée (S. 167), et il dénonce l'obscurité des philosophies matérialistes (S. 193). L'homme échappe à l'écrasement : sa « dignité » consiste dans le règlement de sa pensée ; il « dépasse » pour ainsi dire, par la conscience qu'il prend de sa condition, l'univers matériel qui l'engloutit (S. 145). Sans la pensée, il serait une pierre ou une brute – un animal dont la nature est purement mécanique. À vrai dire, l'animal se distingue de la machine arithmétique par sa volonté (S. 617), mais Pascal s'attache d'abord à distinguer la nature humaine de la nature animale : « Instinct et raison : marques de deux natures » (S. 144).

Il n'empêche : cette « nature » humaine est « aujourd'hui pareille à celle des animaux » (S. 149) : « l'homme est devenu semblable aux bêtes » (S. 182). C'est ce qui définit la misère de l'homme : « ce qui est nature aux animaux nous l'appelons misère en l'homme » (S. 149). La grandeur de l'homme est de reconnaître sa misère (S. 146) – ce que l'animal ne saurait faire. La « nature » actuelle de l'homme est animale, dominée par le corps. En quoi consiste donc précisément la « grandeur » de l'homme ? La conscience que l'homme prend de sa misère est la preuve, aux yeux de Pascal, qu'il existe en lui un principe immatériel qui constitue sa « dignité ». En ce sens « la grandeur est si visible qu'elle se tire même de sa misère » (S. 149) : « La grandeur de l'homme est grande en ce qu'il se connaît misérable » (S. 146). Encore une fois, nostalgique du sens, Pascal juge de notre nature selon un concept de l'*ordre* qui établit la *dignité* de l'esprit par rapport au corps : c'est cette conception hiérarchique de l'ordre qui lui permet de dénoncer un *désordre*, un étrange renversement là où le corps s'impose à l'esprit. Ce désordre caractérise notre nature et définit notre misère, puisque nous en prenons *conscience*, ce que les animaux ne sauraient faire.

> Il est donc misérable, puisqu'il l'est. Mais il est bien grand, puisqu'il le connaît. (S. 155)

J'insiste sur ce point, qui peut sembler élémentaire, pour souligner le fait que la raison, qui distingue l'homme de l'animal, ne lui permet pas d'échapper à la misère précédemment décrite. La « grandeur » caractérisée par l'existence en lui d'un principe immatériel désigne une *vocation* de l'homme, et non pas sa *nature* actuelle, qui est une « seconde nature » « semblable à celle des animaux ». La raison est actuellement faible ; elle est dominée par l'imagination, par le corps ; elle ne permet pas à l'homme d'atteindre quelque certitude que ce soit. Ce triomphe de l'incertitude est confirmé par un fragment curieusement intitulé « Contre le pyrrhonisme » (S. 141) mais qui conclut « à la gloire de la cabale pyrrhonienne » : l'homme ne saurait échapper à cette « ambiguïté ambiguë », à cette « obscurité douteuse » qui caractérise l'exercice de la raison dans la seconde nature :

> Nous supposons que tous les [hommes] conçoivent de même sorte mais nous le supposons bien gratuitement car nous n'en avons aucune preuve. Je vois bien qu'on applique ces mots dans les mêmes occasions. Et que toutes les fois que deux hommes voient un corps changer de place ils expriment tous deux la vue de ce même objet par le même mot, en disant l'un et l'autre, qu'il s'est mû et de cette conformité d'application, on tire une puissante conjecture d'une conformité d'idée. Mais cela n'est pas absolument convaincant de la dernière conviction quoiqu'il y ait bien à parier pour l'affirmative, puisqu'on sait qu'on tire souvent les mêmes conséquences des suppositions différentes.
>
> Cela suffit pour embrouiller au moins la matière non que cela éteigne absolument la clarté naturelle qui nous assure de ces choses. Les académiciens auraient gagé, mais cela la ternit et trouble les dogmatistes à la gloire de la cabale pyrrhonienne qui consiste à cette ambiguïté ambiguë, et dans une certaine obscurité douteuse dont nos doutes ne peuvent ôter toute la clarté, ni nos lumières naturelles en chasser toutes les ténèbres. (S. 141)

Le fragment suivant est alors d'une importance capitale.

> Nous connaissons la vérité non seulement par la raison, mais encore par le cœur. C'est de cette dernière sorte que nous connaissons les premiers principes, et c'est en vain que le raisonnement, qui n'y a point de part, essaie de les combattre. (S. 142)

De ce que nous sommes incapables de prouver les principes par raison, nous ne devons conclure qu'à la faiblesse de notre raison et non pas à l'incertitude des principes, comme le prétendent les pyrrhoniens. La défaite des pyrrhoniens, promise dans le titre du fragment S. 141, semble donc se confirmer dans le fragment S. 142. Cependant les limites de cette victoire sont soulignées par l'apparente contradiction entre S. 141 et S. 142 : dans le premier fragment, la conformité des idées des hommes est définie comme une *supposition* ; dans le fragment suivant, il semblerait que nous ne saurions mettre en doute les premiers principes. Il est donc admis que nous ne saurions démontrer que tous les hommes conçoivent de la même manière les premiers principes ; et en même temps, il est admis que les hommes ne sauraient mettre en doute les premiers principes d'espace, de temps, de mouvement, de nombre. Dans cette « impuissance » (S. 142), les hommes doivent se contenter de raisonner sur des principes dont ils savent que leur conformité d'un homme à un autre n'est qu'une supposition ; ils ne sauraient rejeter ces principes, tout simplement parce qu'ils n'en ont pas d'autres. Ils doivent s'en contenter tout en sachant qu'ils sont indémontrables. Ce sont les données de notre « nature » corporelle.

En effet, je me permets d'insister sur la suite du texte :

> *Car* la connaissance des premiers principes comme qu'il y a espace, temps, mouvement, nombres, [est] aussi ferme qu'aucune de celles que nos raisonnements nous donnent… (S. 142)

Or, quelle est la certitude des connaissances que nos raisonnements nous donnent ? Elle dépend entièrement de celle des principes. L'intention de Pascal me semble donc être ici de souligner le fait que la raison est incapable de mettre en doute la certitude des principes. « Le cœur sent qu'il y a trois dimensions… Les principes se sentent, les propositions se concluent… » et il serait « ridicule que la raison demande au cœur des preuves de ses premiers principes » (S. 142). Certes, on est tenté de dire que l'homme découvre en lui-même un principe de *grandeur*, principe immatériel – le *sentiment* – qui lui permet d'atteindre une certitude – celle des premiers principes. C'est en effet de cette façon que le fragment est généralement interprété : il s'agirait « d'une part de la création – de la nature humaine – que le péché originel n'a pas corrompue[1] ». Et une formule de Pascal semble appuyer cette lecture :

> Plût à Dieu que nous n'en eussions au contraire jamais besoin [de la raison] et que nous connussions toutes choses par instinct et par sentiment ! (S. 142)

Mais cette lecture se heurte à deux objections rédhibitoires. D'une part, pourquoi Pascal souhaiterait-il que l'homme ne connût « toutes choses par instinct et par sentiment » plutôt que par raison ? Non pas parce que le sentiment est certain sur le plan rationnel, car il précisera par la suite que cette conviction des dogmatistes – « qu'en parlant de bonne foi et sincèrement on ne peut douter des principes naturels » – soulève l'objection *décisive* des pyrrhoniens, qui « opposent, en un mot, l'incertitude de notre nature » – « à quoi les dogmatistes sont encore à répondre depuis que le monde dure » (S. 164). C'est tout simplement que, si l'homme n'avait que des sentiments et ne devait pas construire ses connaissances par des raisonnements à partir du sentiment des principes, *il ne sentirait pas sa misère* : il ignorerait l'abîme entre les connaissances par sentiment et les connaissances rationnelles, abîme qui nous fait prendre conscience du renversement de notre nature. Il ne se rendrait pas compte que « tout notre raisonnement se réduit à céder au sentiment » (S. 455). Il baignerait dans le *sentiment d'évidence* des principes, sans se rendre compte que ces principes dérivent de sa nature corporelle. Mais, « malheureux que nous sommes, et plus que s'il n'y avait pas de grandeur dans notre condition » (S. 164), nous prenons conscience que nous devons raisonner à partir de principes qui sont « fermes », inébranlables – puisque nous ne saurions en douter – mais qui ne sont pas « absolument convaincants » puisqu'ils sont indémontrables : ce sont des données de notre nature corporelle.

D'autre part, si l'homme peut découvrir par ses propres forces des principes certains, où est la misère ? Cette interprétation du statut des principes comme étant la marque de la *grandeur* de l'homme me paraît

1 Mesnard, J., *La Culture du XVIIe siècle*, Paris, PUF, 1992, p. 348.

incompatible avec la définition pascalienne de la *misère*. En effet, le sentiment ne permet pas à l'homme de se libérer de la domination du corps et de l'imagination, « maîtresse d'erreur et de fausseté » : au contraire, comme nous le verrons, le sentiment est précisément le symptôme de la domination du corps. Il ne saurait être le point fixe qui – en dehors de la foi – donnerait sens à sa vie : il révèle au contraire à l'homme que, par sa *nature*, il n'a pas accès directement à une vérité autre que celle du corps.

Autre formule ambiguë dans ce même fragment S. 142 :

> Le cœur sent qu'il y a trois dimensions dans l'espace et que les nombres sont infinis et la raison démontre ensuite qu'il n'y a point deux nombres carrés dont l'un soit double de l'autre. Les principes se sentent, les propositions se concluent et le tout avec *certitude* quoique par différentes voies – et il est aussi inutile et aussi *ridicule* que la raison demande au cœur des preuves de ses premiers principes pour vouloir y consentir, qu'il serait ridicule que le cœur demandât à la raison un sentiment de toutes les propositions qu'elle démontre pour vouloir les recevoir. (S. 142 : je souligne)

Pascal conçoit donc deux types de certitude : la *certitude rationnelle* des propositions et des conséquences *convaincantes*, contrôlée par la raison, qui repère et exclut les apories, les cercles vicieux, les *qui pro quo*, les pétitions de principe, etc., et le *sentiment d'évidence* des principes *trouvés* dans le corps et *sentis* par le *cœur*. La raison et le cœur sont donc deux facultés psychologiques distinctes qui ont un statut épistémologique différent : la raison contrôle la cohérence des propositions et des conséquences tirées des prémisses ; le cœur *sent* l'évidence des principes *trouvés* dans le corps. La raison exige la certitude selon ses propres critères de cohérence ; le cœur sent l'évidence des principes et ne *peut* pas en douter. La raison est impuissante à fonder les principes en raison et à douter de ces principes, puisqu'elle n'en a pas d'autres : autrement dit, elle ne peut pas en mesurer la certitude selon ses propres critères, car elle se heurte à l'« évidence » du cœur. Dans le domaine des sciences naturelles, l'exercice de la raison consiste uniquement à tirer les conséquences des principes trouvés dans le corps. Bien entendu, nous n'avons pas le « sentiment » de la divisibilité de l'espace à l'infini, mais cette divisibilité infinie est une conséquence – déduite par la raison – du *sentiment* que nous avons de l'*espace* et du *nombre*. C'est en ce sens que « tout notre raisonnement se réduit à céder au sentiment » (S. 455). Il serait *ridicule* que la raison demande des comptes au cœur quant à la certitude des principes, puisque le cœur ne juge pas les principes selon ce critère : il les *trouve* et les *sent* tout simplement selon sa *nature.* Sans s'exposer au « ridicule » d'exiger des démonstrations convaincantes au cœur, nous devons nous demander néanmoins quelle est la nature du *sentiment d'évidence* des principes et mesurer leur « certitude » selon le critère de la raison, car cet examen seul peut nous donner la mesure de notre « misère[2] ».

Retenons d'abord les fragments où Pascal déclare que nos « principes naturels » sont des « principes *accoutumés* » :

> Qu'est-ce que nos principes naturels, sinon nos principes accoutumés ? [...] Une différente coutume en donnera d'autres principes naturels. (S. 158)
> La coutume est une seconde nature qui détruit la première. (S. 159)

Regardons ensuite le fragment qui oppose pyrrhoniens et dogmatistes : le débat porte manifestement sur la question qui nous préoccupe. Pascal prolonge ici sa réflexion :

> Les principales forces des pyrrhoniens [...] sont que nous n'avons aucune certitude de la vérité de ces principes [...] sinon en [ce] que nous les sentons *naturellement* en nous. Or ce sentiment *naturel* n'est pas une preuve convaincante de leur vérité, puisque, n'y ayant point de certitude hors la foi si l'homme est créé par un Dieu bon, par un démon méchant ou à l'aventure, il est en doute si ces principes nous sont donnés ou véritables, ou faux, ou incertains, selon notre origine [...]
>
> Je m'arrête à l'unique fort des dogmatistes qui est qu'en parlant de bonne foi et sincèrement on ne peut douter des principes *naturels.*
>
> Contre quoi les pyrrhoniens opposent en un mot l'incertitude de notre origine, qui enferme celle de notre *nature.* À quoi les dogmatistes sont encore à répondre depuis que le monde dure [...]
>
> Que fera l'homme en cet état ? Doutera-t-il de tout ? Doutera-t-il s'il veille, si on le pince, si on le brûle ? Doutera-t-il s'il doute ? Doutera-t-il s'il est ? On n'en peut venir là, et je mets en fait qu'il n'y a jamais eu de pyrrhonien effectif parfait. La *nature* soutient la raison impuissante et l'empêche d'extravaguer jusqu'à ce point... (S. 164 : je souligne).

Quelle est cette « nature » qui « soutient la raison impuissante » ? Pascal parle ici de la nature de l'homme qui fait l'objet des débats philosophiques

2 Nous verrons au chapitre suivant un exemple de *sentiment* qui sera examiné et corrigé par Pascal selon les critères de la raison : il est donc parfaitement légitime, selon le raisonnement de Pascal lui-même, de questionner l'évidence et la *certitude* du *sentiment.* Voir p. 46-47, son analyse du sentiment que « le roi est terrible ».

entre dogmatistes et pyrrhoniens : il s'agit donc nécessairement de sa nature *actuelle*, de la *seconde nature* caractérisée par l'emprise du corps – la nature identifiée avec la *coutume*.

Avant de tirer les conséquences de ce constat, regardons un autre texte : nous savons que le *cœur* sent les principes (S. 142). Dans le fragment de « La Machine », il est dit ; « Notre âme est jetée dans le *corps* où elle trouve nombre, temps, dimension. Elle raisonne là-dessus et appelle cela *nature*, nécessité, et ne peut croire autre chose » (S. 680). Plus loin dans le même fragment, Pascal indique les rites corporels qui plieront la machine : « ...c'est en faisant tout comme s'ils croyaient, en prenant de l'eau bénite, en faisant dire des messes, etc. *Naturellement* même cela vous fera croire et vous abêtira. » Ici, remarquons surtout le fait que l'action de la coutume (de dire la messe, etc.) qui nous fait croire – c'est-à-dire, qui suscite en nous le sentiment de la foi – est décrite comme *naturelle*, c'est-à-dire (j'interprète) *conforme à notre nature corporelle, conforme à notre seconde nature.* Plus loin encore, toujours dans le même dossier, la même formule revient :

> La *coutume* est notre *nature*. Qui *s'accoutume* à la foi la croit... Qui *s'accoutume* à croire que le roi est terrible, etc. Qui doute donc que notre âme, étant *accoutumée* à voir nombre, espace, mouvement, croie cela et rien que cela ? (S. 680 : je souligne)

Il ne fait aucun doute, à mes yeux, qu'il s'agit ici des mêmes principes que ceux que Pascal désignait dans le fragment S. 142 comme étant *sentis* par le *cœur.*

Or, l'action mécanique par laquelle le peuple croit que « le roi est terrible » est la même que celle par laquelle les rites feront croire et « abêtiront » l'interlocuteur selon la logique des animaux-machines ; de même, c'est le corps (dans lequel l'âme « trouve » les principes) qui fonde la « fermeté » des principes nombre, temps, dimension que nous appelons « nature » et « nécessité ». Comment concilier ces textes avec la fameuse « certitude » des principes dans le fragment S. 142 ? À mon sens, la *nature* qui soutient la raison impuissante (S. 164) est la *coutume* qui nous fait apparaître les principes comme « nature, nécessité » (S. 680). Ces principes sont les principes de notre nature corporelle : l'âme « trouve » ces principes dans le corps : l'homme n'a pas les moyens de les mettre en doute ; ils fondent tous ses raisonnements et fondent la certitude même qu'il a d'exister, de douter, de raisonner… Est-ce à dire qu'ils sont certains, absolument, métaphysiquement certains ? L'incapacité où nous sommes de les mettre en doute ne prouve que la faiblesse de la raison. La nature *corporelle* de l'homme nous fournirait-elle une certitude ? La certitude de nos raisonnements se fonde-t-elle en fin de compte sur le corps ? – sur ce corps dont la domination définissait précisément la « misère » de notre nature ? Non : notre incapacité à mettre en doute ces principes démontre l'emprise du corps : notre raison la plus forte d'admettre la vérité de ces principes est que nous ne pouvons penser sans eux. Ces principes ne sauraient donc fonder la définition d'une quelconque *grandeur* de la nature humaine ; ils permettent de préciser, au contraire, la définition de sa misère, et de réaffirmer que la seule grandeur est la conscience de cette misère. La définition du statut des principes permet de préciser que la seule connaissance dont l'homme soit capable est une connaissance fondée sur la Machine, sur la coutume, sur le corps.

C'est précisément cette seconde nature qui est « semblable à celle des animaux » et que Pascal dénonce comme une « misère ». Or, argue-t-il, « Ce sont misères de grand seigneur, misères d'un roi dépossédé. » (S. 148) ; « Car qui se trouve malheureux de n'être pas roi, sinon un roi dépossédé ? » (S. 149). « Ce qui est nature aux animaux, nous l'appelons misère en l'homme » (S. 149) : le sentiment même de la misère de notre condition actuelle est la preuve – rationnelle, profane, sans recours à l'Écriture – que l'homme « est déchu d'une meilleure nature qui lui était propre autrefois » (S. 149). La contradiction entre la première nature (perdue) et la seconde nature (actuelle) de l'homme se déduit donc du sentiment actuel de la misère : elle conduit dans la liasse suivante à un paradoxe, à un mystère (S. 164). J'insiste sur ce point : la grandeur de l'homme ne consiste pas en une quelconque certitude des *principes* qu'il *sent*, mais précisément dans la conscience qu'il prend qu'il est un sujet de misère, incapable de vérité, livré à l'arbitraire du corps. « Ce n'est point ici le pays de la vérité ; elle erre inconnue parmi les hommes » (S. 425). Or, toujours selon la conception de l'*ordre* véritable (ordre cartésien), selon lequel l'esprit *devrait* triompher du corps, étant plus *digne* que lui, Pascal *déduit* de notre misère – ou plus précisément de notre conviction ou sentiment que le règne du corps est une misère, un désordre – que nous sommes déchus d'une première nature où l'esprit était indépendant du corps. L'argument du *roi dépossédé* est ici un argument clé : il est une « raison des effets », en ce sens qu'il est proposé comme explication logique de notre refus de l'absurde, de notre nostalgie de sens. La souffrance va de soi pour Pascal :

> Il ne faut pas avoir l'âme fort élevée pour comprendre qu'il n'y a point ici de satisfaction véritable et solide, que tous nos plaisirs ne sont que vanité, que nos maux sont infinis, et qu'enfin la mort qui nous menace à chaque instant doit infailliblement nous mettre dans peu d'années dans l'horrible nécessité d'être éternellement ou anéantis ou malheureux. (S. 681)

Or, qui souffre de l'absence de sens sinon celui dont la vie avait un sens autrefois ? La souffrance, la misère qui découle du constat de l'absurde – de la vanité – impose, aux yeux de Pascal, la conclusion que notre nature n'est qu'une « seconde nature », que notre « première nature » avait un sens et que la « seconde nature » absurde découle d'un « renversement » de l'ordre initial.

Cette opposition entre deux « natures » correspond donc à l'opposition entre la *grandeur* perdue et la *misère* actuelle, entre l'âme et le *corps*. Elle se retrouve dans l'*Entretien de Pascal avec M. de Sacy* sous la forme de l'opposition entre Épictète et Montaigne[3] et, comme nous le verrons par la suite, dans l'opposition proprement philosophique entre Descartes et Gassendi. C'est elle qui nous permet d'opposer, selon un schéma simpliste mais suggestif, deux visions philosophiques de la *nature* humaine : la *première nature* est conçue sur le modèle cartésien : l'intellect s'exerce indépendamment du corps ; la raison saisit directement la vérité dans l'évidence de l'intuition intellectuelle ; les idées reflètent le monde tel qu'il est. En revanche, dominée par le corps, la *seconde nature* est gassendiste et empirique ; elle ne nous livre que des images filtrées par l'imagination ; le statut du corps mine toute certitude désormais ; nos idées ne sont que des impressions ; elles se ramènent toutes – même celles qui font figure de premiers principes – à l'impression du corps.

Qui souffre de l'absence de vérité sinon celui qui a connu la vérité ? Qui souffre de l'incertitude sinon celui qui a connu la certitude ? Qui souffre de l'absurde, de l'absence de sens, sinon celui qui a connu un

---

3 Nous suivons sur ce point l'excellent commentaire de V. Carraud, *Pascal et la philosophie*, Paris, Vrin, 1992, p. 90 *sqq.*, 112 *sqq.* et 133-134.

sens ? L'homme souffre de la *vanité* et l'éprouve comme *misère* : il est un « roi dépossédé ». C'est une réponse à une question qui est à ses yeux parfaitement logique que Pascal va chercher dans l'Écriture : le récit de la Chute, conçue comme la cause de cette « dépossession », de ce « renversement » de la première nature.

LE *SENTIMENT* DE PASCAL

Le statut de la raison ne peut être pleinement saisi que dans son rapport au *sentiment* du *cœur*. C'est un des problèmes les plus complexes dans l'interprétation des *Pensées*[1]. En particulier, on comprend mal comment le cœur peut être le siège de sentiments tels que l'amour et la foi, et aussi l'instrument par lequel l'homme appréhende les idées primitives (ou principes) telles que le nombre, le temps, la dimension. Le sentiment, chez Pascal, semble être à la fois *émotion* et *perception*. J'envisagerai ici d'abord l'exemple de l'amour, exemple privilégié de « sentiment du cœur » chez Pascal. Ensuite, j'essayerai de comparer l'amour avec d'autres sentiments dans le mécanisme de la psychologie pascalienne.

Prenons l'exemple de l'amour sous la forme de l'amour-propre. On sait que l'analyse pascalienne de l'amour-propre se fonde sur la doctrine augustinienne des deux amours[2]. Cependant, Pascal apporte une analyse proprement philosophique de ce qui constitue la dépravation du « moi haïssable », qui se fait « centre de tout » (S. 494) : en cela il est déraisonnable et injuste :

> ...Si nous naissions raisonnables et indifférents, et connaissant nous et les autres nous ne donnerions point cette inclination à notre volonté. (S. 680)

En effet, l'amour-propre se heurte à ce que Pascal appelle ici l'« ordre » :

> Car tout tend à soi : cela est contre tout ordre. Il faut tendre au général... (S. 680)

Il existe donc un « ordre » raisonnable et juste de l'amour. Quel est-il ? Pascal donne à la doctrine des deux amours une expression laïque :

---

1 Voir Gouhier, H., *Blaise Pascal, conversion et apologétique*, Paris 1986, chap. 3 ; Talon-Hugon, C., « La question des passions dans l'œuvre de Pascal », in P.-F. Moreau (dir.), *Les Passions à l'âge classique*, Paris, PUF, 2006, p. 119-145.

2 Sellier, Ph., *Pascal et saint Augustin*, Paris, Armand Colin, 1970, p. 140-151.

> Je dis que le cœur aime l'être universel naturellement et soi-même naturellement, selon qu'il s'y adonne, et il se durcit contre l'un ou l'autre à son choix..." (S. 680)

Ici Pascal oppose l'être individuel du moi à l'être universel : l'être universel est le tout dont l'être individuel fait partie : le « choix » de la volonté injuste est donc de s'aimer soi-même au mépris de l'amour qu'elle doit – selon l'« ordre » – à l'être universel. Ce choix n'est pas raisonnable :

> Vous avez rejeté l'un [l'amour de l'être universel] et conservé l'autre [l'amour de soi-même] ; est-ce par raison que vous vous aimez ? (S. 680)

L'« ordre » consiste donc à aimer le tout dont on fait partie, et cet ordre règne dans tous les domaines de l'activité humaine. Le « désordre » – qui à l'origine est une dépravation de la volonté – consiste à préférer la partie au tout et à concevoir les intérêts de cette partie comme contraires à ceux du tout. Le désordre est une déraison, symptôme d'une dépravation de la volonté.

Le rapport du moi individuel à l'être universel fait l'objet aussi de ce « ressouvenir » cartésien :

> Je sens que je puis n'avoir point été, car le moi consiste dans ma pensée ; donc moi qui pense n'aurais point été, si ma mère eût été tuée avant que j'eusse été animé, donc je ne suis point un être nécessaire. Je ne suis pas aussi éternel, ni infini, mais *je vois bien qu'il y a dans la nature un être nécessaire, éternel et infini.* (S. 167 : je souligne).

Dans ce fragment, l'être du moi est opposé à l'être universel qui est un « être nécessaire, éternel et infini » : c'est-à-dire mon être intelligent est opposé à l'Être intelligent pris sans limitation. Or, on sait que par cet Être intelligent pris sans limitation – Être nécessaire, éternel et infini – Descartes entendait l'Être de Dieu. Pascal reprend cette terminologie ailleurs :

> La vraie et unique vertu est donc de se haïr, car on est haïssable par sa concupiscence, et de chercher un être véritablement aimable pour l'aimer. Mais comme nous ne pouvons aimer que ce qui est hors de nous, il faut aimer un être qui soit en nous et qui ne soit pas nous. Et cela est vrai d'un chacun de tous les hommes. Or, il n'y a que *l'être universel* qui soit tel. Le *royaume de*

> *Dieu* est en nous. Le *bien universel* est en nous, est nous-mêmes et n'est pas nous. (S. 471 : je souligne)

Dans ces fragments, le rapport du moi individuel à l'Être universel n'est pas seulement un rapport intellectuel fondé sur l'ordre cartésien des raisons, mais un rapport fondé sur l'« ordre » raisonnable (et cartésien) de l'amour.

En effet, la définition de l'ordre de l'amour – l'analyse du moi haïssable et de l'Être aimable de Dieu – est fondée très précisément sur la définition cartésienne des *passions ou sentiments de l'âme* de l'amour et de la haine :

> L'Amour est une émotion de l'âme, causée par le mouvement des esprits, qui l'incite à se joindre de volonté aux objets qui paraissent lui être convenables. Et la Haine est une émotion, causée par les esprits, qui incite l'âme à vouloir être séparée des objets qui se présentent à elle comme nuisibles. (*Passions*, art. 79).

Descartes précise alors « ce que c'est que se joindre ou séparer de volonté » : il entend parler du

> consentement par lequel on se considère dès à présent comme joint avec ce qu'on aime : en sorte qu'on imagine un tout, duquel on pense être seulement une partie, et que la chose aimée en est une autre. (art. 80).

Cette définition fonde l'*ordre* pascalien de l'amour : l'*ordre* qui porte le *moi* à aimer l'*Être universel* est conforme à la définition cartésienne de l'amour qui porte la volonté à se joindre au tout dont elle fait partie. De même, le moi « haïssable » est celui qui ne se considère pas comme la partie d'un tout, mais comme un tout séparé :

> ...en la Haine on se considère seul comme un tout, entièrement séparé de la chose pour laquelle on a de l'aversion. (art. 80)

Il existe donc dans les *Pensées* la conception d'un « ordre » fondamental – raisonnable et juste – qui permet de dénoncer le désordre du moi haïssable comme une déraison symptomatique de la corruption, comme une « chose monstrueuse, ...un enchantement incompréhensible et un assoupissement surnaturel, qui marque une force toute-puissante qui le cause » (S. 681), – et cette conception de l'« ordre » se fonde sur les termes mêmes de la définition cartésienne de l'amour.

Cette même définition cartésienne de l'amour permet à Pascal de reprendre ensuite une métaphore paulinienne : d'abord, Pascal définit le tout : « Pour régler l'amour qu'on doit à soi-même, il faut s'imaginer un corps plein de membres pensants, car nous sommes membres du tout, et voir comment chaque membre devrait s'aimer… » (S. 401). Ensuite, le bonheur du membre individuel est défini en fonction de son appartenance au tout : « Pour faire que les membres soient heureux, il faut qu'ils aient une volonté et qu'ils la conforment au corps » (S. 402). Être uni au corps, c'est donc le moyen pour l'être individuel de rejoindre le tout dont il fait partie – l'être universel – et de trouver son propre bonheur dans la soumission à la volonté du tout :

> Être membre et n'avoir de vie, d'être et de mouvement que par l'esprit du corps et pour le corps. Le membre séparé ne voyant plus le corps auquel il appartient n'a plus qu'un être périssant et mourant. Cependant, il croit être un tout, et ne se voyant point de corps dont il dépende, il croit ne dépendre que de soi et veut se faire centre et corps lui-même […] (S. 404)

C'est là la perversion de la volonté, de l'amour-propre, du *moi* qui est condamné à l'illusion et au malheur :

> Mais n'ayant point en soi de principe de vie, il ne fait que s'égarer et s'étonne dans l'incertitude de son être, sentant bien qu'il n'est pas corps [c'est-à-dire ici, qu'il n'est pas un tout en lui-même], et cependant ne voyant point qu'il soit membre d'un corps. Enfin, quand il vient à se connaître, il est comme revenu chez soi et ne s'aime plus que pour le corps. Il plaint ses égarements passés. (S. 404)

Être membre du corps de membres pensants – image paulinienne de l'Eglise invisible de la communauté des fidèles – implique en ce sens une *conversion* de la volonté égoïste : le *moi haïssable* est habité par un amour illusoire de soi-même, se prend pour un tout :

> Il ne pourrait pas par sa nature aimer une autre chose sinon pour soi-même et pour se l'asservir, parce que chaque chose s'aime plus que tout. Mais en aimant le corps, il s'aime soi-même, parce qu'il n'a d'être qu'en lui, par lui et pour lui. *Qui adhæret Deo unus spiritus est.* (S. 404)

La métaphore nous fournit ainsi une *règle* de l'amour juste, amour qui ne se réalise qu'en la foi par laquelle le *moi* se fond dans l'*être universel*.

> Le corps aime la main, et la main, si elle avait une volonté, devrait s'aimer de la même sorte que l'âme l'aime. Tout amour qui va au-delà est injuste… On s'aime parce qu'on est membre de Jésus-Christ. On aime Jésus-Christ parce qu'il est le corps dont on est membre. Tout est un. L'un est en l'autre […] (S. 404).

Tel est le sens de cette formule très forte : « Il faut n'aimer que Dieu et ne haïr que soi » (S. 405).

On voit que la définition cartésienne de l'amour a servi à Pascal à conduire l'interlocuteur d'une conception laïque de la passion ou du sentiment à l'image biblique de l'Église, communauté de ceux qui aiment Dieu, l'Être universel. La foi répond en ce sens à l'attente, à l'aspiration du cœur et se définit selon les termes du traité cartésien. C'est là un premier exemple de sentiment où l'on voit très clairement que la psychologie pascalienne a été élaborée dans le contexte créé par les écrits de Descartes : *Discours de la méthode* (1637), *Méditations* et *Objections* (1641), *Passions de l'âme* (1649) et aussi ses *Lettres* (vol. I : 1657)[3]. Compte tenu de l'importance des *Objections* de Gassendi et de leur influence sur la psychologie et sur l'épistémologie de Pascal, on peut dire que nous avons affaire à un excellent exemple de la dégénérescence et de la désagrégation des systèmes philosophiques, de leur morcellement et de leur transformation et renaissance au moyen d'un nouvel agencement dans d'autres constructions. En effet, le « sentiment ou passion de l'âme » défini par Descartes assume un tout autre statut dans le contexte d'une psychologie gassendiste[4]. Voyons maintenant

---

3 Voir aussi, sur le contexte intellectuel de la composition des *Pensées*, Le Guern, M., *Pascal et Descartes*, Paris, Nizet, 1971, et « Arnauld et Pascal », *Revue internationale de philosophie*, 48/190 (1994), p. 463-480, et *Études sur la vie et les « Pensées » de Pascal*, Paris, Honoré Champion, 2015, p. 59-71 ; Carraud, V., *Pascal et la philosophie*, Paris, Vrin, 1992 ; Bouchilloux, H., « La portée anti-cartésienne du fragment des trois ordres », *Revue de métaphysique et de morale*, 1997 (1), p. 67-83, et « Qu'est-ce qu'être cartésien, selon Pascal », in *Qu'est-ce qu'être cartésien ?*, dir. D. Antoine-Mahut, Lyon, ENS Éditions, 2013, p. 179-189 ; Pécharman, M. (dir.), *Pascal. Qu'est-ce que la vérité ?*, Paris, PUF, 2000 ; Foisneau, L. (dir.), *Dictionnaire des philosophes français du XVIIe siècle. Acteurs et réseaux du savoir*, Paris Classiques Garnier, 2015.

4 Voir aussi Carraud, V., *Pascal et la philosophie*, Paris, Vrin, 1992, § 17 : « Le cartésianisme repris et subverti » : p. 239 : « Les *Pensées* apparaissent comme le lieu de toutes les transplantations possibles, le terrain où la balle cartésienne est à chaque coup placée *autrement.* » C'est un aspect des *Pensées* qui a été méconnu par Victor Cousin dans son *Rapport* devant l'Académie française en 1842, ensuite par Ernest Havet dans l'introduction à son édition (2e éd., Paris, Delgrave, 1866, p. xxx) et par Francisque Bouillier dans son

s'il y a un rapport entre la définition du sentiment de l'amour et celle d'autres sentiments évoqués dans les *Pensées.*

L'amour est un sentiment, cela va de soi : et son siège est, non pas l'intelligence, l'esprit, mais le « cœur ». Mais la mémoire est aussi un sentiment (S. 531) et elle est « nécessaire pour toutes les opérations de la raison » (S. 536). De plus, c'est sur les « connaissances du cœur et de l'instinct » qu'il faut que la raison « s'appuie » : c'est le cœur qui « sent » les principes « comme qu'il y a espace, temps, mouvement, nombres » (S. 142), et c'est en ce sens que « tout notre raisonnement se réduit à céder au sentiment » (S. 455). Les instruments initiaux, les concepts élémentaires, les premiers principes de tous nos raisonnements nous sont fournis par le cœur[5].

D'où vient ce sentiment des principes ? Voyons comment est créé un sentiment chez Pascal.

> Car il ne faut pas se méconnaître : nous sommes automates autant qu'esprit [... la coutume incline] l'automate qui entraîne l'esprit sans qu'il y pense. (S. 661)

L'automate, la Machine, l'habitude du corps crée le sentiment. Et, « une fois que l'esprit a vu où est la vérité », Pascal a recours à ce mécanisme pour ancrer dans le sentiment une conviction qui risquerait de rester trop fragile, trop abstraite, pour ainsi dire, sans l'appui du sentiment. L'automate, l'habitude du corps, nous permet d'acquérir « une créance plus facile » – « car d'en avoir les preuves toujours présentes, c'est trop d'affaire » : « l'habitude [...] sans violence, sans art, sans argument, nous fait croire les choses et incline toutes nos puissances à cette croyance, en sorte que notre âme y tombe *naturellement* » (S. 661). Et ce mécanisme nous est familier dans le vocabulaire qui caractérise l'argument du « pari » sous la forme d'« abêtissement » : « *naturellement* même cela

---

Histoire de la philosophie cartésienne, 3e éd., Paris, Delagrave, 1868, 2 vol., p. 539. Celui-ci catégorise les adversaires de Descartes comme étant les représentants et les défenseurs de l'ancienne philosophie, les disciples de Gassendi et enfin ceux qui attaquent la nouvelle philosophie au nom de la théologie et du concile de Trente. Malheureusement, il déclare que Pascal appartient à cette dernière catégorie (au lieu de la deuxième) : « C'est Pascal qu'il faut mettre au premier rang des adversaires de Descartes » (p. 540). Cette formule masque toute la complexité et tout l'intérêt de son rapport à Descartes et à Gassendi. Voir Carraud, V., *ibid.*, p. 33.

5 Voir aussi Carraud, V., *ibid.*, § « Les premiers principes », p. 246-250, excellent commentaire, duquel je me sépare, cependant, en ce qui concerne la nature de l'*automate* : *ibid.*, p. 250-252n.

vous fera croire et vous abêtira » (S. 680). Par ce mécanisme – celui de notre nature « pareille à celle des animaux », de notre « seconde nature » dominée par le corps – les habitudes du corps plient la Machine, matent les passions rebelles et ancrent dans le sentiment du cœur une conviction de l'esprit. « Qui s'accoutume à la foi la croit… » (S. 680). C'est la loi de toutes nos opinions, de toutes nos convictions, de tous nos sentiments : « La coutume est notre nature » (S. 680). Le corps joue donc un rôle primordial dans la naissance des sentiments et le sentiment de la foi n'échappe pas à cette loi de notre « seconde nature ».

Se pose alors un problème de cohérence. Dans le fragment S. 142, nous l'avons vu, le cœur *sent* les principes et c'est sur les connaissances du cœur et de l'instinct que la raison doit s'appuyer. Quel rapport entre ce sentiment des principes et l'automate qui crée les sentiments dans les fragments que je viens de citer (S. 661, 680) ? Un premier indice nous est fourni par le début même du « pari » :

> L'âme est jetée dans le corps où elle trouve nombre, temps, dimensions. Elle raisonne là-dessus et appelle cela nature, nécessité, et ne peut croire autre chose. (S. 680)

Cette formule confirme le rôle du corps dans la naissance du sentiment – rôle exprimé d'ailleurs sans équivoque dans les fragments cités ci-dessus. Mais qu'est-ce à dire : « l'âme trouve dans le corps » ? Le fragment des « Deux Infinis » fournit une clef. Pascal y propose une sorte de cheminement épistémologique par lequel nous aboutissons à la définition des principes :

> toutes les sciences sont infinies en l'étendue de leurs recherches. Car qui doute que la géométrie, par exemple, a une infinité d'infinité de propositions à exposer ? Elles sont aussi infinies dans la multitude et l'infinité de leurs principes. Car qui ne voit que ceux qu'on propose pour les derniers ne se soutiennent pas d'eux-mêmes et qu'ils sont appuyés sur d'autres qui, en ayant d'autres pour appui, ne souffrent jamais de dernier ? Mais nous faisons des derniers qui paraissent à la raison comme on fait dans les choses matérielles, où nous appelons un point indivisible celui au-delà duquel nos sens n'aperçoivent plus rien, quoique divisible infiniment et par sa nature. (S. 230)

Ainsi « les sciences sont infinies dans la multitude et la délicatesse de leurs principes » ; notre esprit est incapable de saisir ces principes infiniment délicats ; les principes que nous fournit le *cœur* ou le *corps* correspondent donc à ce que nous appelons « un point indivisible » dans les choses matérielles. En d'autres termes, l'évidence des principes est un effet de la limitation de la vue claire de l'esprit, et cette limitation est imposée par le corps. « Trouver dans le corps » signifie donc ici que ces principes sont ceux qui nous apparaissent comme « premiers » (ou « derniers » auxquels nous puissions remonter) parce que le corps obscurcit la vue claire de l'esprit. En ce sens, les principes sont ceux qui apparaissent à un *esprit uni à un corps*. Le corps détermine ainsi notre vision des choses : nous analysons le monde selon nos « principes », nous appelons cela « nature », « nécessité », mais cette « nécessité » n'est que celle de notre nature corporelle et non pas du monde que nous percevons. Ce n'est que parce qu'elle se trouve unie à un corps que l'âme pense en termes de *nombre*, *temps*, *dimensions*. Ces concepts sont issus de l'union de l'âme et du corps : le sentiment est donc le mode de connaissance qui caractérise un être constitué d'une âme et d'un corps. Ce fragment confirme à mes yeux le rapport de dépendance qui lie les sentiments au corps et confirme du même coup que nous n'avons pas affaire à une « intuition intellectuelle[6] » : jamais, chez Pascal, l'esprit ne fonctionne

6 D. Simonetta commente les deux définitions que le jeune Descartes donne dans les *Regulæ* de l'« intuition intellectuelle » par opposition à la déduction : a) « une représentation qui est le fait de l'intelligence pure et attentive (*mentis purae et attentae*), représentation si facile et si distincte qu'il ne subsiste aucun doute sur ce que l'on y comprend », et b) « Ou ce qui revient au même, une représentation inaccessible au doute, représentation qui est le fait de l'intelligence pure et attentive, qui naît de la seule lumière de la raison, et qui, parce qu'elle est plus simple, est plus certaine encore que la déduction ». Voir Simonetta, D., *Histoire de l'idée d'intuition intellectuelle à l'âge classique* (1600-1770, France et Angleterre), thèse université Paris I Panthéon-Sorbonne, dir. A. Charrak, 2015 (à paraître), section I : « L'usage nouveau de l'*intuitus*. Descartes », chap. 2. Il conclut : « L'intellectualisme de Descartes ne consiste pas à dire que l'entendement atteint un domaine d'*objets* purement intellectuels; il consiste à mettre en évidence un plan général de l'heuristique – de la compréhension, détermination et résolution des problèmes – qui indique ce qu'il y a de commun à tout ce qui est "*science*" » [je souligne]. Voir aussi son commentaire sur la critique par J. Maritain de l'« angélisme » cartésien : « selon Maritain, l'importation du mode de l'intuitivité dans la connaissance humaine procéderait d'une *húbris* rationaliste typiquement moderne [...], élevant la nature humaine à une condition de l'intelligence à laquelle elle ne peut, en principe, qu'aspirer ». La nouveauté cartésienne consiste, au contraire, comme le démontre D. Simonetta, à faire de l'*intuitus*, non pas « la pointe supérieure de l'âme humaine », mais « une disposition épistémique commune ayant un statut *a priori* par rapport à toute connaissance acquise », une « couche fondamentale de l'intelligence en l'homme, avant qu'elle ne prenne cette forme différenciée, inégale et toujours individualisée qui caractérise le monde humain ». L'*intuitus* est en ce sens « l'antichambre de la doctrine de l'évidence du *Discours de la méthode* », même si Descartes abandonne le terme

indépendamment du corps. L'âme n'a pas, comme chez Descartes, ses « espèces à part[7] ». Au contraire, les idées primitives sont « trouvées » dans le corps et « senties » par le cœur. Cette perspective me semble confirmer la dimension anti-cartésienne du sentiment pascalien.

De plus, elle est parfaitement compatible avec les formules cruciales du fragment *De l'esprit géométrique* sur la science *humaine* de la mathématique. En effet, Pascal distingue entre le « veritable ordre », qui définit une science parfaite, « qui consiste... à tout définir et à tout prouver » et la géométrie, qui est la science *humaine* la plus parfaite. Ce qui fait déchoir la géométrie de la perfection accomplie du « véritable ordre » est qu'elle se fonde sur des termes qui ne sont pas définis :

---

d'*intuition* pour désigner la capacité passive de la raison à saisir l'évidence, peut-être parce que « la pureté intellectuelle des actes de l'*intellectus* se trouverait, de fait, toujours liée à des procédures d'abstraction, de schématisation » mettant en jeu l'expérience, l'*ingenium*, l'activité de l'imagination, mais surtout parce que Descartes passe d'une conception *logique* et heuristique de l'enchaînement des sciences à une conception *philosophique* des principes de la connaissance. Sur ce dernier point, voir la note suivante.

7 La psychologie et l'épistémologie de Descartes ont été interprétées en ce sens par ses disciples occasionalistes et par ses adversaires au XVIIe siècle, et cette lecture strictement dualiste, reprise par Victor Cousin, a été celle de la critique cartésienne du XXe siècle : Laporte, J., *Le Rationalisme de Descartes*, Paris, PUF, 1945, 1950; Gilson, E., dans son commentaire du *Discours de la méthode*, Paris, Vrin, 1947 ; Gueroult, M., *Descartes selon l'ordre des raisons*, Paris, Aubier, 1953 ; Gouhier, H., *La Pensée métaphysique de Descartes*, Paris, Vrin, 1962, et *La Pensée religieuse de Descartes*, Paris, Vrin, 1972. Les zones sombres et les lacunes de cette lecture, suggérées déjà par certains travaux de Rodis-Lewis, G., *L'Individualité selon Descartes*, Paris, Vrin, 1950, et *Le Problème de l'inconscient et le cartésianisme*, Paris, PUF, 1950, ont été mises en évidence par Kambouchner, D., *L'Homme des passions*, Paris, Albin Michel, 1995, 2 vol. ; Le Ru, V., *La Crise de la substance et de la causalité. Des petits écarts cartésiens au grand écart occasionaliste*, Paris, CNRS Éditions, 2003 ; Antoine-Mahut, D., *L'Homme cartésien. La « force qu'a l'âme de mouvoir le corps » : Descartes, Malebranche*, Rennes, Presses Universitaires de Rennes, 2009 ; *Descartes. Une politique des passions*, Paris, PUF, 2011 ; « La structure passionnelle de l'âme malebranchiste : entre Descartes et Regius ? », in *Emotional Minds*, dir. S. Ebbersmeyer, Berlin, de Gruyter-Verlag, 2012, p. 51-68 ; *Qu'est-ce qu'être cartésien*, dir. D. Antoine-Mahut, Lyon, ENS Éditions, 2013 ; « Élisabeth philosophe : un cartésianisme empirique ? », in *Élisabeth face à Descartes : deux philosophes ?*, dir. M.-F. Pellegrin et D. Kolesnik-Antoine, Paris, Vrin, 2014, p. 119-138 ; « Reintroducing Descartes in the history of materialism : the effects of the Descartes/Hobbes debate on the first reception of Cartesianism », in *Cartesian Mind and Nature*, S. Gaukroger and C. Wilson (dir.), New-York, OUP, 2016 ; « The Story of *Man* », in *Descartes's* Treatise on Man *and its Reception*, dir. D. Antoine-Mahut and S. Gaukroger, Springer, fin 2016 ; « Qu'est-ce qu'un cartésien peut vraiment connaître de l'âme ? La réponse du docteur Regius », in *Chemins cartésiens*, dir. A. Del Prete et R. Carbone, Paris, Classiques Garnier, 2017, et Simonetta, D., *Histoire de l'idée d'intuition intellectuelle à l'âge classique*, *op. cit.*

> On trouvera peut-être étrange que la géométrie ne puisse définir aucune des choses qu'elle a pour principaux objets. Car elle ne peut définir ni le mouvement, ni les nombres, ni l'espace ; et cependant ces trois choses sont celles qu'elle considère particulièrement… Elle *suppose* donc que l'on sait quelle est la chose qu'on entend par ces termes : *mouvement, nombre, espace*[8]…

Nous avons vu, précisément, que ces termes se fondent sur le sentiment du cœur, qui est un effet de notre nature corporelle.

Le désordre de l'amour est une déraison, disions-nous. De même, la saisie des principes « trouvés » dans le corps est une *déraison* imposée par notre nature actuelle, dominée par le corps, « pareille à celle des animaux » (S. 149). Le sentiment pascalien de l'amour est conforme à la définition de la passion cartésienne. De même, sur le plan de la connaissance, le sentiment pascalien est conforme à la définition cartésienne des « sentiments ou passions de l'âme » qui sont « certaines façons confuses de penser qui proviennent et dépendent de l'union et comme du mélange de l'esprit et du corps[9] ». En effet, il ne s'agit, selon les termes de Pascal, que du « ballet des esprits [animaux] » (S. 565).

Or, l'évidence et la certitude des intuitions intellectuelles dépendent, dans la philosophie cartésienne, de la liberté de la volonté, qui peut toujours suspendre le jugement et ne pas embrasser les idées obscures ou confuses. De même, dans le traité des *Passions de l'âme*, cette liberté de la volonté par rapport aux perceptions confuses fonde notre capacité de contrôler les passions, et fonde donc aussi la morale de la *générosité*. Les perceptions des passions sont obscures et confuses : devant une telle obscurité et une telle confusion, le libre arbitre peut toujours et doit toujours suspendre le jugement, car il est toujours et absolument en notre pouvoir. Au contraire, de l'analyse pascalienne du rôle du sentiment, il s'ensuit que nous n'avons que des idées obscures ou confuses, en ce sens qu'elles ne sont pas engendrées par une pure intelligence, mais par l'union de l'âme et du corps : elles sont toutes fondées sur le sentiment. Devant de telles perceptions obscures et confuses, Descartes s'impose la suspension du jugement. Dans la perspective pascalienne, cette suspension est impossible :

---

8 Pascal, Blaise, *Œuvres complètes*, éd. J. Mesnard, III, p. 401.

9 Descartes, René, *Œuvres complètes*, éd. C. Adam et P. Tannery, Paris, 1897-1909, et Paris, Vrin/CNRS, 1964-1974, 11 vol., ix.64 ; éd. F. Alquié, Paris, Garnier, 1963-1973, 3 vol., ii.492.

> L'esprit croit naturellement et la volonté aime naturellement de sorte qu'à faute de vrais objets *il faut qu'ils s'attachent aux faux*. (S. 544 : je souligne).

La psychologie cartésienne est décapitée : dans le domaine de la connaissance, comme dans celui de l'amour, l'homme est livré à ses sentiments. Or,

> la fantaisie est semblable et contraire au sentiment, de sorte qu'on ne peut distinguer entre ces contraires... Il faudrait avoir une règle. La raison s'offre, mais elle est ployable à tous sens. Et ainsi il n'y en a point. (S. 455)

Le lien entre le sentiment et le corps est ainsi confirmé, car la fantaisie est fruit de l'imagination, de la faculté qui transforme les données des sens en images pour les livrer au travail de l'esprit. C'est, en effet, l'imagination qui a créé en l'homme une « seconde nature », et c'est dans cette « nature » dominée par la coutume, par le corps, que le sentiment joue un rôle primordial, non seulement dans le domaine des affections, mais aussi dans celui des connaissances.

Dès lors le sentiment est dépourvu de garantie métaphysique. Tandis que Descartes fondait sur la véracité divine la garantie que l'évidence ne pouvait le tromper (car Dieu est auteur de ma nature et c'est Lui qui me tromperait s'Il m'avait créé de telle sorte que je sois obligé par ma nature d'acquiescer, sous la force de l'évidence, à des choses qui se révéleraient fausses), l'épistémologie pascalienne est privée de garantie divine : « Dieu tente mais il n'induit pas en erreur » (S. 431), c'est-à-dire Dieu ne nous oblige pas à prendre *nos* certitudes pour des vérités absolues qui s'imposeraient à Dieu-même. L'homme peut reconnaître ainsi son incapacité à atteindre par ses propres forces la vérité, sans que Dieu le trompe, sans que Sa véracité soit mise en cause. L'homme reconnaît sa misère : il reconnaît qu'en perdant sa *première* nature il a perdu sa capacité initiale de se détacher de l'emprise du corps et de l'incertitude qui en découle.

Si on doutait du statut du *sentiment*, si on était tenté de lui attribuer une quelconque *grandeur* d'après le titre de la liasse (ou dossier) VII « Grandeur », il suffirait, pour dissiper cette illusion, de nous tourner vers un sentiment que Pascal désigne lui-même expressément comme erroné.

Il est utile d'abord de distinguer, non pas entre deux espèces de sentiment – qui naît toujours du corps – mais entre deux *chemins d'élaboration* des sentiments. D'une part, nous « trouvons » les principes *nombre*, *temps*, *dimension*, dans le corps : ces principes sont ceux de la vie du corps ; nous ne saurions les mettre en doute car nous ne saurions renoncer à notre nature corporelle. D'autre part, d'autres *sentiments* sont suscités par la *Machine*, par l'action mécanique des habitudes qui impriment dans le cœur une conviction de l'esprit au moyen de l'action de l'*automate* : le sentiment de la foi est suscité par les habitudes adoptées par celui qui, convaincu par les arguments apologétiques (ou, en l'occurrence, par le « pari »), aspire à la foi et adopte les habitudes appropriées (« prendre de l'eau bénite, faire dire des messes »). Or, cet *abêtissement* désigne le même processus psychologique par lequel le peuple se persuade que « le roi est terrible ». En effet, Pascal évoque trois sentiments déterminés par la coutume :

> La coutume est notre nature, qui s'accoutume à la foi la croit et ne peut plus ne pas craindre l'enfer. Et ne croit autre chose.
> Qui s'accoutume à croire que le roi est terrible, etc.
> Qui doute donc que notre âme étant accoutumée à voir nombre, espace, mouvement, croie cela et rien que cela[?] (S. 680)

Le sentiment populaire « que le roi est terrible » naît de la « coutume de voir les rois accompagnés de gardes, de tambours, d'officiers et de toutes les choses qui ploient la machine vers le respect et la terreur », qui entraîne une association d'images dans l'esprit du peuple : de là vient que le visage du roi « quand il est quelquefois seul et sans ces accompagnements, imprime dans [ses] sujets le respect et la terreur parce qu'on ne sépare point dans la pensée leur personne d'avec leur suite qu'on y voit d'ordinaire jointe. Et le monde qui ne sait pas que cet effet vient de cette *coutume* croit qu'il vient d'une force naturelle » (S. 59). Ce *sentiment* est donc une illusion imposée par la *coutume* au moyen d'une association d'images trompeuse, effet de l'*imagination*. En effet, on sait que la légitimité de l'autorité souveraine est fondée, selon Pascal, en premier lieu sur la Force : « ne pouvant faire que ce qui est juste fût fort, on a fait que ce qui est fort fût juste » (S. 135). L'art de régner est un art de l'imposture, un art du bon usage de l'imagination du peuple :

> La Force est la reine du monde et non pas l'opinion, mais l'opinion est celle qui use de la Force. (S. 463)

Force et imagination s'allient pour consolider le pouvoir :

> L'empire fondé sur l'opinion et l'imagination règne quelque temps, et cet empire est doux et volontaire. Celui de la force règne toujours. Ainsi l'opinion est comme la reine du monde, mais la force en est le tyran. (S. 546)

La Force est le véritable fondement du pouvoir, mais elle fait appel à l'imagination pour se perpétuer de telle ou telle façon :

> Les cordes qui attachent le respect des uns envers les autres, en général, sont cordes de nécessité. Car il faut qu'il y ait différents degrés, tous les hommes voulant dominer, et tous ne le pouvant pas, mais quelques-uns le pouvant.
>
> Figurons-nous donc que nous les voyons commencer. Il est sans doute qu'ils se battront jusques à ce que la plus forte partie opprime la plus faible et qu'enfin il y ait un parti dominant. Mais quand cela est une fois déterminé, alors les maîtres, qui ne veulent pas que la guerre continue, ordonnent que la force qui est entre leurs mains succédera comme il leur plaît : les uns le remettent à l'élection des peuples, les autres à la succession de naissance, etc.
>
> Et c'est là où l'imagination commence à jouer son rôle. Jusque-là la pure force l'a fait. Ici c'est la force qui se tient par l'imagination en un certain parti : en France, des gentilshommes ; en Suisse, des roturiers ; etc.
>
> Or, ces cordes qui attachent donc le respect à tel et à tel en particulier, sont des cordes d'imagination. (S. 668)

Le sentiment « que le roi est terrible » est une « corde de l'imagination » : imposé par l'imagination et par la coutume, il fonde une « opinion du peuple » qui est « saine » mais qui ne l'est pas « dans sa tête » [dans la tête du peuple], « car il pense que la vérité est où elle n'est pas » :

> La vérité est bien dans leurs opinions, mais non pas au point où ils se figurent. (S. 126)

Voici donc un sentiment manifestement erroné et désigné comme tel, fondé sur le même mécanisme de l'« abêtissement » – l'effet de notre nature dominée par le corps – que le sentiment de la foi. « La coutume est notre nature » (S. 680) : loin de les tenir pour transcendants, Pascal désigne ces sentiments comme étant suscités par la *Machine*, par la domination du corps qui est la loi de notre *seconde nature.*

Sur ce point, David Rabourdin a soulevé des objections qui appellent une réponse[10]. Son interprétation se fonde d'abord sur le fragment suivant :

10 Rabourdin, D., *Pascal. Foi et conversion. La « Machine » des* Pensées *et le projet apologétique*, Paris, PUF, 2013.

> Lettre qui marque l'utilité des preuves. La foi est différente de la preuve. L'une est humaine et l'autre est un don de Dieu. *Justus ex fide vivit.* C'est de cette foi que Dieu lui-même met dans le cœur dont la preuve est souvent l'instrument. *Fides ex auditu.* Mais cette foi est dans le cœur et fait dire non *scio* mais *credo.* (S. 41)

Les formules sont ambiguës, mais D. Rabourdin opte pour une lecture forte :

> Ce qui est utile, c'est ce qui est utile pour le salut. Les preuves entrent dans cette utilité, dans la mesure où elles remplissent un rôle « instrumental » dans la genèse de la foi. (p. 41)

Comment faut-il interpréter cette « foi » ? Une foi humaine, ou bien une foi salvatrice ? Cela ne fait pas de doute, aux yeux de D. Rabourdin, qui attribue dès lors à la « machine » « une forme de participation à la logique de la foi véritable et du salut corrélatif ». Cette lecture se fonde sur une position de principe en ce qui concerne l'« utilité » de l'apologie. Une foi humaine n'est pas vraiment utile au salut – puisque seule la grâce nous accorde une foi salvatrice ; dès lors, conclut-il, si Pascal évoque une utilité des preuves, il ne peut s'agir que de l'émergence – au moyen des preuves qui incitent à adopter la « machine » des habitudes – d'une foi salvatrice. « Il ne s'agit pas ici de la foi comprise au sens d'une forme de persuasion humaine produite par un conditionnement ou une répétition corporelle. Il s'agit ici de la foi au sens fort du terme, de la foi comme don de Dieu[11]. » Les preuves nous incitent donc à adopter un comportement « machinal » qui nous « ouvre » à la grâce, car la machine « entraîne l'homme au-delà de lui-même ».

Cette lecture suscite plusieurs réponses. D'une part, elle néglige la définition du sentiment pascalien, qui s'appuie sur celle de la passion cartésienne, ce qui dénote le mécanisme très humain de cette psychologie. D'autre part, elle entraîne une réinterprétation par D. Rabourdin du terme « abêtissement » visant à l'arracher à la connotation signalée par Étienne Gilson, qui le rapportait à la doctrine cartésienne des animaux-machines[12]. Or, cette réinterprétation est à la fois alambiquée et invraisemblable[13], puisque, comme nous l'avons vu, Pascal adhérait à

11 *Ibid.*, p. 84.

12 Gilson, É., « Le sens du terme "abêtir" chez Blaise Pascal », *Les Idées et les lettres*, Paris, Vrin, 1932, p. 263-274.

13 Rabourdin, D., *Pascal. Foi et conversion*, *op. cit.*, p. 84-89.

la doctrine des animaux-machines et qu'il déclarait lui-même que la nature humaine est « aujourd'hui pareille à celle des animaux », ce qui explique parfaitement pourquoi il utilise le terme d'*abêtissement* pour désigner l'effet mécanique des habitudes du corps. Enfin, si on avait en main le moyen d'inculquer en soi-même une foi salvatrice au moyen des habitudes que l'on adopterait en fonction d'une conviction sincère de l'esprit (par le pari et par les preuves historiques), on serait maître de son propre salut : on forcerait la main à Dieu, en quelque sorte, ce qui est évidemment contraire à la théologie augustinienne. Tout ce que D. Rabourdin propose comme commentaire sur les effets de la « Machine » en termes d'actes extérieurs et de conviction intérieure, d'humiliation, de sincérité et de ferveur est parfaitement cohérent si on l'entend comme processus d'enracinement en nous du sentiment de la foi *humaine*. L'« abêtissement » constitué par le sentiment populaire erroné que « le roi est terrible » constitue le modèle de la naissance d'une foi humaine : en l'occurrence, cette foi politique populaire exprime par des actes extérieurs de soumission une conviction intérieure ; elle est humble, sincère, intense, fervente ; elle suscite l'amour et même l'adoration dans le cœur des courtisans de Louis XIV : néanmoins, elle reste illusoire. Par une analyse *raisonnée* de ce sentiment populaire, Pascal révèle qu'il naît d'une confusion des images fournies par l'imagination, confusion suscitée par l'habitude d'associer le visage du roi avec les soldats qui l'entourent. L'analyse rationnelle découvre ainsi que ce *sentiment* n'est qu'une *fantaisie* : l'« abêtissement » a fonctionné au service d'une erreur. Il n'y a là aucune transcendance. De même, dans le domaine de la foi religieuse, l'abêtissement suscite en nous une foi humaine, une foi coutumière – sans grâce divine. Cette foi humaine est *utile* – si une apologie peut être utile – puisqu'elle incite l'interlocuteur à « s'offrir par les humiliations aux inspirations [de la grâce] » qui « seules peuvent faire le salutaire effet » (S. 655). Croire que l'homme accède à la foi salvatrice par l'adoption volontaire de la « Machine » des habitudes et donc que Dieu répond toujours à ces efforts humains, c'est, à mon sens, non seulement une hérésie semi-pélagienne mais aussi une pétition de principe – ou plutôt un vœu pieux[14].

14 Ferreyrolles, G., *Les Reines du monde. L'imagination et la coutume chez Pascal*, Paris, Honoré Champion, 1995, p. 106-111, adopte la même position : après avoir précisé que « l'habitude est donc une cause médiate de la foi *humaine* en ce que "la Machine" ôte de son chemin

Cela ne signifie évidemment pas que Pascal désigne la foi comme un sentiment erroné, mais que la foi suit la loi de notre nature : c'est une foi *humaine* qui se fonde, comme tous nos sentiments, sur les lois de notre « seconde nature ». « Une fois que l'esprit a vu où est la vérité », on choisit ses habitudes[15] et, *naturellement* (selon le mécanisme de la « seconde nature »), la *coutume* suscite les *sentiments* qui correspondent à cette conviction. Ce n'est pas là une conception dégradée de la foi : la foi a le même statut que toutes les autres convictions de l'homme selon sa nature actuelle. Mais la foi *humaine* – la seule que puisse nous inspirer l'apologiste, puisqu'il n'a que des arguments et ne dispose pas de la grâce – n'a pas de statut privilégié par rapport à nos autres sentiments : tous nos sentiments découlent de la domination de notre nature par le corps, c'est-à-dire de notre misère. L'homme doit chercher la vérité avec les moyens qui sont les siens – ceux de la *seconde nature*.

Ainsi, le *sentiment* surgit dans la liasse « Grandeur », mais ne constitue pas en lui-même cette grandeur. La formule pascalienne exclut d'ailleurs l'interprétation du sentiment comme grandeur :

> La grandeur de l'homme est grande en ce qu'il se *connaît* misérable. (S. 146)

C'est la cohérence même de l'anthropologie pascalienne qui impose cette interprétation. L'homme est misérable parce qu'il sent qu'il n'a plus accès à la vérité par ses propres forces. Il a perdu sa grandeur initiale (celle de sa première nature) ; mais il a malgré tout une grandeur qui lui reste, qui est sa capacité à prendre conscience de la misère de sa nature « pareille à celle des animaux » (S. 149) – capacité dont les animaux

---

les obstacles passionnels » (p. 106), il fait évoluer cette formule quelques pages plus loin : « Puisque Dieu se sert de la nature humaine pour la hausser au-dessus d'elle-même et que l'habitude est par essence *dispositio*, *l'analogie entre grâce et coutume ne peut manquer de devenir le support d'une causalité ou, à tout le moins, d'occasionalité.* L'abêtissement l'illustrait au seuil de la vie de foi, mais à l'intérieur même de cette vie la répétition ne cesse pas d'être comme la chance de la grâce » (p. 110 : je souligne). Il est enfin amené à conclure : « *L'habitude prédisposant à la grâce est déjà un fruit de la grâce, qui la suscite, l'accompagne et finalement la couronne.* [...] L'habitude n'est plus seulement ici [dans un texte de Jacqueline Pascal] la chance de la grâce, elle est le travail de la grâce. [...] Pour Blaise aussi, il est clair que la grâce peut initier une habitude et la soutenir constamment afin qu'elle demeure méritoire et obtienne récompense » (p. 111 : je souligne).

15 Voir Pascal, Blaise, *Pensées*, éd. Ph. Sellier, Paris, Bordas, 1991, n° 680, p. 471, n. 7 ; la même note est maintenue dans l'édition des *Pensées, opuscules et lettres*, Paris, Classiques Garnier, 2011, n° 680, p. 507, n. 2.

sont dépourvus. L'homme est conscient qu'il fonde ses raisonnements sur des sentiments qui découlent de sa *seconde nature*, de son corps : il sait que ces sentiments peuvent être trompeurs – comment en serait-il autrement, puisqu'ils naissent de la coutume, de l'habitude du corps et de l'imagination qui tire du corps (perceptions) ses images incertaines ? Mais raisonnons dans la logique de cette seconde nature. Il faut procéder par ordre : se convaincre des preuves fondées sur les témoignages historiques – c'est-à-dire, en fin de compte, sur le corps, sur les perceptions des témoins – tout en sachant que ces témoignages et ces sentiments sont incertains. L'homme n'a pas directement accès à la vérité. Il doit faire de son mieux – chercher son salut – avec les facultés qui sont les siennes : celles de la nature déchue.

Il s'ensuit également de l'analyse pascalienne que le *sentiment* de la foi qui naît des habitudes – motivées par une conviction – n'est pas en soi la grâce. Le sentiment de la foi est suscité par les habitudes de celui qui s'est convaincu de la vraisemblance des témoignages bibliques. Il a « ouvert son esprit aux preuves », il s'y est « confirmé par la coutume », et il « s'offre par les humiliations aux inspirations [de la grâce] », qui « seules peuvent faire le vrai et salutaire effet » (S. 655). Nous reviendrons plus loin sur ce point capital de l'apologétique.

L'IMAGINATION

Cette analyse du *sentiment* est confirmée par le statut accordé à l'imagination dans la psychologie pascalienne de la « seconde nature » :

> Imagination. C'est cette partie dominante dans l'homme, cette maîtresse d'erreur et de fausseté, et d'autant plus fourbe qu'elle ne l'est pas toujours, car elle serait règle infaillible de vérité si elle l'était infaillible du mensonge. Mais étant le plus souvent fausse, elle ne donne aucune marque de sa qualité, marquant du meme caractère le vrai et le faux. Je ne parle pas des fous, je parle des plus sages et c'est parmi eux que l'imagination a le grand droit de persuader les hommes. La raison a beau crier, elle ne peut mettre le prix aux choses. (S. 78)

L'incertitude de nos connaissances découle du statut « dominant » qui est attribué à l'imagination, car elle préside à l'élaboration de nos idées :

> Cette superbe puissance ennemie de la raison, qui se plaît à la contrôler et à la dominer, pour montrer combien elle peut en toutes choses, a établi en l'homme une *seconde nature.* [...] L'imagination dispose de tout... (S. 78)

L'imagination est « cette partie dominante de l'homme », car c'est elle qui fournit à l'esprit, à partir des sensations du corps, les *images* sur lesquelles il travaille. En ce sens, toutes nos *idées* ou plutôt *images* sont marquées par le caractère « fourbe » de l'imagination dont le pouvoir est le symptôme de la domination du corps. En effet, il y a « piperie » réciproque entre les sens et la raison :

> Les sens abusent la raison par de fausses apparences, et cette même piperie qu'ils apportent à l'âme ils la reçoivent d'elle à leur tour. (S. 78)

Dans la « seconde nature », l'imagination domine la raison ; cette « maîtresse d'erreur et de fausseté » impose ses *images* ; nous n'avons plus d'idées qui ne portent pas la marque de cette faculté corporelle. Cette domination du corps fonde l'incertitude qui frappe toutes nos *idées.*

Le statut privilégié du corps dans la « seconde nature » se reflète dans le statut central de l'imagination dans la psychologie et donc dans l'épistémologie pascaliennes. Ainsi, les principes fournis par le cœur, mode de connaissance de l'union de l'âme et du corps, déterminent les catégories – nombre, temps, dimension – au moyen desquelles nous analysons notre vision du monde ; ensuite, les informations sur le monde, les images que nous en saisissons, proviennent de l'imagination qui traduit en images les sensations. Nous raisonnons donc sur des images du monde dérivées des sensations du corps et nous les analysons selon les catégories déterminées par les principes qui sont ceux de notre *nature* corporelle[1].

Le rapport entre cette psychologie pascalienne de l'imagination et celle de Gassendi me paraît évident. Gassendi expose les principes de sa psychologie et de son épistémologie dans les *Ve et VIe Dissertations* des *Exercitationes*, et il reste fidèle à cette doctrine dans la *Disquisitio metaphysica* contre Descartes, dans l'exposé de la philosophie d'Épicure et dans le *Syntagma philosophicum*[2]. Son principe de base est l'adage scolastique : « Il n'y a rien dans l'intellect qui premièrement n'ait été dans les sens[3] » : les sensations sont traduites en images par l'imagination ; la raison travaille par induction sur ces images et en tire des idées générales et abstraites[4]. La raison, faculté discursive, construit des généralisations à partir des observations empiriques des sens traduites en images par l'imagination[5]. Sur ces principes, Gassendi fonde une critique systématique de l'intuition intellectuelle de la philosophie cartésienne[6], dont la certitude, insiste-t-il, est non pas métaphysique

1 Pour une analyse synthétique des théories de l'imagination depuis Platon et Aristote jusqu'à Malebranche, voir Ferreyrolles, G., *Les Reines du monde. L'imagination et la coutume chez Pascal*, Paris, Honoré Champion, 1995, p. 123-137. Voir aussi Armogathe, J.-R., « L'imagination de Mersenne à Pascal », in *Phantasia/Imaginatio. Lessico intelletuale Europeo*, éd. M. Fattori, M. Bianchi, Roma, Edizioni dell'Ateneo, 1987, p. 259-272, Carraud, V., *Pascal et la philosophie*, *op. cit.* p. 268-270, sur la « déconceptualisation d'un concept cartésien », et Frigo, A., « Pascal dans la *Recherche de la vérité* de Malebranche : l'imagination », *Les Études philosophiques*, 95 (2010), p. 517-534.

2 Voir Bloch, O., *La Philosophie de Gassendi*, *op. cit.*, p. 135-146.

3 Gassendi, *Exercitationes*, nº V, art. 1. Voir aussi Bernier, François, *Abrégé de la philosophie de Gassendi*, Lyon, 1678, vol. I, *Logique*, livre I, règle 2.

4 *Exercitationes*, art. V ; voir aussi *Disquisitio*, éd. Rochot, p. 232, 134-138, 142 *sqq.*

5 *Disquisitio*, éd. Rochot, p. 220.

6 Voir Bloch, O., « Gassendi critique de Descartes », *Revue philosophique*, 156 (1966), p. 217-236, ici p. 223.

mais purement psychologique : l'évidence cartésienne est un degré arbitraire de persuasion[7].

En effet, la certitude des idées de l'entendement ne dépasse pas celle des sensations et des images qui les fondent. Or, les sensations ne portent que sur les accidents (ou attributs, ou qualités) des choses : nous ne connaissons les substances que par conjecture[8]. Puisque nous ne connaissons des choses que leur « enveloppe » extérieure et que leur substance reste à notre égard un « je-ne-sais-quoi[9] », il s'ensuit que les définitions que nous en donnons ne portent que sur les différences apparentes : définir une chose, ce sera dire en quoi elle nous paraît différente de telle autre chose[10]. Il s'ensuit encore que, même dans les limites de cette science des apparences, nous serons incapables de donner la définition complète d'une seule chose, car cela supposerait la comparaison de cette chose avec toutes les autres choses de l'univers dont elle paraît différer : les définitions portent donc sur les *rapports* des choses. Cette analyse de la définition fonde le développement magistral de Pascal[11] :

> Donc toutes choses étant causées et causantes, aidées et aidantes, médiatement et immédiatement, et toutes s'entretenant par un lien naturel et insensible qui lie les plus éloignées et les plus différentes, je tiens impossible de connaître les parties sans connaître le tout, non plus que de connaître le tout sans connaître particulièrement les parties. (S. 230)

De cette analyse gassendiste, on conclut que les propositions universelles, les définitions au sens aristotélicien du terme, nous sont inaccessibles. Les hommes sont incapables d'une science accomplie : leur science ne relève que des apparences :

> Donc du réel, que dira-t-on, sinon que dans telles circonstances il se produit telles apparences, et d'autres en d'autres circonstances, mais que néanmoins sur ce que seraient les choses selon leur nature, il y a doute[12] ? »

7 *Disquisitio*, éd. Rochot, p. 64, 164, 206.

8 *Exercitationes*, p. 8 ; *Disquisitio*, p. 88, 168, 236, 246.

9 *Disquisitio*, p. 178.

10 *Exercitationes*, n° V, art. 3 ; *Disquisitio*, p. 270.

11 Voir aussi *Disquisitio*, p. 192, 240, 256, 270, et les commentaires de Berr, H., « Du scepticisme de Gassendi », *Les Études philosophiques* 16 (1961) ; Rochot, B., *Les Travaux de Gassendi sur Épicure et sur l'atomisme*, p. 146 *sqq.* ; Jasinski, R., « Les deux infinis de Pascal », *Revue d'histoire de la philosophie*, 7 (1933), p. 134-159.

12 *Exercitationes, p. 476.*

Cependant, cette conclusion ne sera pas stérile sur le plan de l'action : elle fonde, au contraire, la pratique de la science humaine :

> la science en question n'est sans doute pas absolument certaine ni évidente, et elle ne provient pas d'une cause ni d'une démonstration entendue à la manière d'Aristote ; mais elle ne manque pas toutefois d'une certitude qui lui est propre et d'une évidence aboutissant à la probabilité[13].

Cette science donne la primauté à l'expérience :

> on peut admettre que les conditions de la science existent, mais toutefois d'une science expérimentale et, si je puis dire, fondée sur les apparences. C'est qu'en effet notre intellect n'a de science ou de connaissance qu'en expérimentant sur de nombreuses apparences [...] Tout ce que nous nions en somme, c'est que l'on puisse pénétrer jusqu'à la nature intime des choses[14].

Dans son exposé de l'atomisme épicurien, l'ambition de Gassendi n'est donc que de construire un mécanisme capable de « sauver les apparences[15] ». L'activité scientifique de Gassendi – ses observations astronomiques et sa critique de l'astrologie – témoigne de sa fidélité à cette conception de la science[16], qui peut être rapprochée de celle de Pascal, comme nous le verrons au chapitre suivant.

Nous mettrons ici l'accent sur deux aspects de la psychologie gassendiste qui intéressent directement la doctrine des *Pensées* de Pascal.

---

13 *Exercitationes*, p. 500.

14 *Exercitationes*, p. 504. Voir aussi Popkin, R., « Épicurisme et scepticisme au début du 17e siècle », in *Actes du VIIIe Congrès de l'Association G. Budé*, Paris, 1969, p. 698-707, et Mazauric, S., « Pascal et la question du vide : emprunts et réemplois gassendistes », *Libertinage et philosophie au XVIIe siècle*, 4 (2000), p. 71-84.

15 Rochot, B., *Les Travaux de Gassendi sur Épicure et sur l'atomisme*, *op. cit.*, p. 65-67, 89-90, 173, 191.

16 Voir Popkin, R., *The History of scepticism from Erasmus to Spinoza*, Assen, 1960), p. 142-148 ; Bloch, O., *La Philosophie de Gassendi*, *op. cit.*, chap. 3-4 ; Koyré, A., « Gassendi et la science de son temps », in *Tricentenaire de P. Gassendi*, Paris, 1955.

FANTAISIE ET SENTIMENT

Fondée sur son analyse psychologique du rôle primordial de la sensation, la longue polémique de Gassendi contre Aristote et contre Descartes mine le statut privilégié de l'intuition intellectuelle : il n'y a pas, selon Gassendi, de « point fixe » dans la nature humaine[17].

Gassendi pose une distinction radicale dans la nature humaine entre deux parties de l'âme : une partie « raisonnante et intelligente » particulière aux hommes, et une partie « sensitive et végétative » commune à tous les animaux :

> Ce qui fortifie ce sentiment, c'est qu'on peut commodément expliquer par là comment il se peut faire que l'homme à l'égard d'une partie ait été fait un peu moindre que les anges et [...] à l'égard de l'autre qu'il ne diffère en rien des brutes [...] ; en sorte qu'il soit dit selon la première, vivre une vie intellectuelle et angélique, et selon la dernière une vie animale et pareille à celle des bêtes[18].

On reconnaît les termes de Pascal, pour qui l'homme est « ange » et « bête » (S. 557).

Par le terme *sentiment*, Gassendi entendra « la faculté animale de percevoir les objets sensibles[19] ». En dehors de l'entendement, dont le « travail » interviendra par la suite, « il n'y a soit dans l'homme soit dans les bêtes qu'une seule faculté connaissante intime qui est la *Phantaisie*[20] » :

> Cette faculté connaissante intérieure dont toute la fonction se fait tellement au-dedans qu'il ne paraît aucun organe au dehors, est celle que les Grecs ont appelée *la partie de l'âme commandante ou maîtresse*, à cause que c'est elle qui excite et dirige tous les désirs et tous les mouvements de l'animal[21].

Ce qu'on appelle *instinct* dans les animaux est « une certaine motion, non pas aveugle mais dirigée et conduite par la Phantaisie, et cela en partie

---

17 *Disquisitio*, p. 74.

18 Bernier, François, *Abrégé* (1678), éd. Lyon 1684, vol. VI, p. 499 ; voir aussi l'emploi par Pascal du terme « âme sensitive » (S. 793), et La Fontaine, Jean de, *Discours à Mme de La Sablière*, éd. G. Couton (Paris, 1962), p. 271.

19 Bernier, François, *Abrégé*, éd. citée, vol. VI, livre I, chap. 1, et vol. VI, p. 37.

20 *Ibid.*, p. 193, 195.

21 *Ibid.*, p. 182.

par une appréhension simple du bien et du mal[22] » : les espèces de la Phantaisie sont donc intimement liées à un *principe de plaisir* qui seul guide la volonté. Ce principe de la volonté détermine la naissance des *passions* :

> La Passion [...] n'est autre chose qu'une commotion ou agitation de l'âme dans la poitrine, ou dans quelque autre partie, laquelle agitation est excitée par l'opinion, ou par le sentiment du Bien ou du Mal[23].

Ce mécanisme fonde la psychologie humaine : les sentiments ou « images » de la Phantaisie seront l'*occasion* du raisonnement de l'entendement humain, dont l'existence se démontre par sa construction de généralisations abstraites et par sa capacité de réfléchir sur lui-même :

> Il est donc fort vraisemblable que tant que notre âme demeure dans le corps elle ne se sert point d'autres espèces que des phantômes mêmes ou espèces qui sont imprimées dans la Phantaisie[24].

De ces « espèces » ou « images » de la Phantaisie, l'entendement se sert « comme de certains degrés pour s'élever au-dessus de l'espèce corporelle[25]. Les principes universaux ne sont donc pas une perception intuitive de l'entendement : au contraire, l'entendement construit les universaux à partir des images particulières de la Phantaisie selon le critère de l'expérience[26]. L'entendement devra concilier dans une explication aussi large que possible les informations, souvent contradictoires, fournies par les sens sur les apparences des choses. L'activité de l'entendement fera donc constamment intervenir la *mémoire* dans la réflexion, qui est une comparaison des sensations passées et présentes. Enfin, une explication rationnelle et cohérente des apparences constituera une conjecture vraisemblable sur la nature des phénomènes jusqu'à ce qu'elle soit contredite par une nouvelle expérience.

À la lumière de l'analyse gassendiste du mécanisme de la Phantaisie, rappelons notre analyse du *sentiment* pascalien : le sentiment nous livre seulement les perceptions confuses d'une nature humaine dominée par le corps. Pascal rejoint ici la tentative gassendiste de traduire en termes d'*instinct*, de *sentiment* et de *fantaisie* l'analyse épicurienne des *prolepses*, de

22 *Ibid.*, livre III, chap. 5.
23 *Ibid.*, vol. VI, p. 390.
24 *Ibid.*, vol. VI, p. 333.
25 *Ibid.*, livre IV, chap. 4, art. 1.
26 Berr, H., *Du scepticisme de Gassendi*, p. 101-102.

« ce complexe où la pensée petit à petit se détache de la nature physique[27] ». L'originalité de Pascal dans ce contexte est de rapporter cette analyse du *sentiment* – ou de l'*instinct* humain – à la définition cartésienne des *passions ou sentiments de l'âme*, qui sont « certaines façons confuses de penser qui proviennent et dépendent de l'union et comme du mélange de l'esprit avec le corps[28] ». En effet, l'analyse pascalienne du *sentiment* – comme l'analyse gassendiste de la *Phantaisie* – est dirigée contre le statut attribué par Descartes aux intuitions intellectuelles. Pour Gassendi, nous n'avons aucun critère qui nous permette de distinguer, d'une part, l'idée dans l'intuition cartésienne et, d'autre part, l'image fournie par la Phantaisie. Il insiste longuement auprès de Descartes « pour que vous me donniez un signe grâce auquel je puisse reconnaître que je me sers tantôt d'un intellect qui ne soit pas imagination, tantôt d'une imagination qui ne soit pas intellection[29] ». De même, pour Pascal, nous n'avons pas de critère qui permette de distinguer entre le *sentiment* et la *fantaisie* :

> Mais la fantaisie est semblable et contraire au sentiment, de sorte qu'on ne peut distinguer entre ces contraires. L'un dit que mon sentiment est fantaisie, l'autre que sa fantaisie est sentiment. (S. 455)

Certes, Gassendi réduit le mode de l'union de l'âme au corps à la seule faculté de la Phantaisie, tandis que Pascal oppose la fausse fantaisie au sentiment vrai, mais cette distinction pascalienne reste théorique : en réalité, nous n'avons aucun critère pour les distinguer :

> Il faudrait avoir une règle. La raison s'offre mais elle est ployable à tous sens. Et ainsi il n'y en a point. (S. 455)

La psychologie cartésienne est ainsi décapitée et privée du « point fixe » de la certitude métaphysique. Selon le commentaire de Gassendi et de Pascal, ces perceptions, qui sont, en effet, « une suite et dépendance de ma nature », ne sont pas des intuitions de l'intelligence indépendante du corps : ce sont, au contraire, des perceptions confuses dépendant de l'*union* de l'âme avec le corps.

---

27 Rodis-Lewis, G., *Épicure et son école*, Paris, 1975, p. 99-107 ; voir aussi Bloch, O., « Les études sur Épicure », in *Actes du VIIIe congrès de l'Association G. Budé* (1969), p. 123-125, et « Gassendi critique de Descartes », p. 226 *sqq.*

28 Descartes, René, *Méditations*, VI, éd. A. T., vol. IX, p. 64 ; éd. F. Alquié, vol. II, p. 492.

29 *Disquisitio*, p. 242, 156.

NATURE ET COUTUME

La doctrine psychologique de Gassendi se fonde sur l'adage scolastique : « Il n'y a rien dans l'intellect qui premièrement n'ait été dans les sens ». Les sensations, traduites en images par le mécanisme de la Phantaisie, fournissent les matériaux bruts du « travail » de la raison ou Intellect. Or, nous constatons que nos sens nous trompent souvent, ou plutôt, puisqu'il est toujours vrai que nous sentons ce que nous pensons sentir, que nous interprétons mal les informations justes des sensations. Dans le mécanisme de l'erreur, il faut comprendre le rôle essentiel de la mémoire, qui nous permet de comparer les images dérivées de sensations passées. Le raisonnement, fondé sur l'« évidence » des sensations, n'a donc qu'une certitude relative et ne décrit qu'un degré de persuasion provisoire, subordonné aux aléas de l'expérience future. Sur le plan de la pratique scientifique, cette psychologie fonde une méthode expérimentale et empiriste : suivant les préceptes de la méthode mathématique, l'expérience fournit l'occasion « de considérer plus attentivement ce que d'abord vous ne remarquiez pas[30] » et de constater les causes mécaniques qui déterminent la perception et dont il faut tenir compte pour éviter les erreurs d'interprétation des sensations. Un aspect intéressant de l'analyse gassendiste des erreurs porte alors sur les influences qui affectent les sens et modifient ainsi la façon dont nous percevons le monde « extérieur » : à partir de la constatation de telle erreur dans l'observation de tel phénomène, l'analyse gassendiste débouche sur un développement important de la philosophie nominaliste et de la psychologie sensualiste.

La Phantaisie traduit les sensations en images qui fondent le travail inductif de l'Intellect. Déterminée par le seul principe du plaisir, la volonté guide l'entendement, qui forme des opinions, qui, à leur tour, déclenchent la commotion ou agitation de l'âme qui définit la passion : l'Intellect formule des opinions et dicte des conduites qui forment des habitudes. Les sensations sont les seules sources de notre perception du monde : l'analyse des erreurs portera donc d'abord sur les causes

30 *Exercitationes*, p. 510.

mécaniques qui les affectent. Dans la perspective la plus générale[31], cette analyse des erreurs désigne les causes mécaniques qui déterminent la nature des animaux, cette nature étant ici entendue comme une certaine disposition physique des organes de la sensation – disposition qui définit un *tempérament.* Les sensations sont affectées par toutes les conditions physiques de leur exercice : le tempérament sera donc déterminé par tout un ensemble de causes mécaniques qui définissent dans sa particularité la situation de l'individu. En effet, dans cette perspective, la nature humaine est une vue de l'esprit : il n'y a de nature qu'individuelle. Le tempérament de l'individu sera donc déterminé par tout un ensemble de causes mécaniques qui affectent la disposition des organes et qui modifient ainsi les sensations. À un moment donné, ces influences extérieures qui affectent les sensations peuvent être multiples : chez La Mothe Le Vayer et chez Gassendi, on remarque le rôle important du climat et de toutes les circonstances particulières, culturelles et environnementales, qui ont contribué à former l'individu. Dans le contexte de la psychologie gassendiste, l'ensemble de ces facteurs déterminant le tempérament peuvent être désignés comme *habitudes.* Les perceptions de l'individu seront donc déterminées par la disposition « habituelle » des organes, disposition qui est la résultante de multiples causes mécaniques. Selon leur tempérament, les individus seront alors de religion, de mœurs, d'opinions et de goûts différents. La *nature* de l'individu définit en ce sens une habitude ou *coutume* particulière[32].

La psychologie gassendiste fournit ainsi le contexte de l'analyse pascalienne du rôle du sentiment et de la fantaisie ; son analyse des erreurs contribue – avec les *Essais* de Montaigne – à la notion d'une *nature* humaine mise en rapport avec la *coutume.* Le *sentiment* pascalien, « suite et dépendance de ma nature », est en ce sens déterminé par la *coutume* ou *habitude* qui décrit une disposition du *corps.* Gassendi fonde ainsi le terme pascalien de *Machine,* qui décrit la transformation d'une opinion de l'esprit en sentiment du cœur.

Pascal exploite l'épistémologie et la psychologie gassendistes, la nouvelle philosophie de l'incertitude, pour définir, contre l'évidence des demonstrations cartésiennes – contre l'intuition intellectuelle – la misère

---

31 Pour l'analyse de la théorie gassendiste de la vision, voir Bloch, O., *La Philosophie de Gassendi, op. cit.*, Ire partie, chap. 1.

32 *Exercitationes*, n° VI, art. 4-5.

de l'homme livré à la domination du corps. Les *Pensées* sont ainsi le lieu d'une déconstruction des philosophies de Gassendi et de Descartes, en une synthèse où la psychologie de l'automate et du sentiment – la psychologie de la *Machine* – permet à Pascal de rejeter l'intuition intellectuelle de Descartes mais aussi d'adopter la définition cartésienne de la « passion ou sentiment de l'âme ». Ainsi, son dialogue avec l'interlocuteur libertin repose sur une synthèse puissante de l'anthropologie augustinienne, de la physiologie cartésienne et de l'épistémologie gassendiste.

Dans le domaine des sciences également, Pascal semble avoir été fortement influencé par Gassendi, comme nous le verrons au chapitre suivant.

PASCAL ET LES SCIENCES DU LIBERTIN

En abordant les écrits scientifiques de Pascal, la problématique ne change-t-elle pas radicalement ? N'abandonnons-nous pas définitivement l'univers de la vraisemblance pour la terre ferme de la certitude du calcul ? Les choses ne sont pas si simples.

On a beaucoup discuté ces dernières années, dans les milieux « pascaliens » pour ainsi dire, de la cohérence/incohérence entre les *Pensées* et les *Lettres provinciales* sur la question de la « morale naturelle ». Certains sont tentés de désigner une incohérence dans sa philosophie là où d'autres ne voient qu'une ambiguïté de la formulation due aux publics différents auxquels s'adressent ces deux ouvrages : Pascal semble concéder au « grand public » des *Lettres* l'existence d'une morale naturelle, ce qu'il conteste dans le débat strictement philosophique ou sceptique des *Pensées*. Certains sont tentés ainsi de voir la philosophie apologétique des *Pensées* comme une concession indue et momentanée, un *concesso non dato*, faite à l'égard de la philosophie libertine, comme une étape regrettable mais nécessaire pour conduire le libertin, malgré lui, à la foi. De même, la cohérence entre les *Pensées* et les écrits scientifiques a pu être mise en question. En bref, Pascal serait un mathématicien de génie, qui aurait proposé des solutions à certains problèmes cruciaux de la physique contemporaine, sa philosophie scientifique serait une philosophie de la certitude et de la démonstration, contrairement à son argumentation apologétique qui, se fondant sur le témoignage historique, ne conduirait qu'à la vraisemblance par une logique imposée par la faiblesse des libertins et nullement par la nature même de la connaissance (et donc de la foi) aux yeux de Pascal. La cohérence des *Pensées* ne serait, en ce sens, que locale, spécifique, déterminée par l'aveuglement de l'interlocuteur libertin, tandis que la véritable philosophie pascalienne se fonderait sur la certitude, sur la démonstration « géométrique », et la certitude de la foi équivaudrait, en son for intérieur, à la certitude des axiomes et des théorèmes.

Cette conception de l'incohérence de la philosophie pascalienne me paraît erronée. Ce qui est frappant, prodigieux, à mes yeux, c'est, au contraire, la cohérence entre la philosophie scientifique, morale et religieuse de Pascal, qui vit la « révolution scientifique » de son époque, qui partage avec les scientifiques qu'il fréquente dans les salons spécialisés une certaine conception de la nature et de la méthode scientifique qui nous permet de raisonner sur son fonctionnement. Or, cette conception scientifique de la nature, qui écarte toute finalité et tout miracle, qui veut se contenter d'expériences et de raisonnements logiques, est précisément celle des libertins. En ce sens, de même que je maintiens que la cohérence des *Pensées* est déterminée par la philosophie libertine que Pascal combat, en conduisant son interlocuteur de prémisses communes à des conclusions chrétiennes, je maintiens également que la philosophie scientifique de Pascal est celle même des *Pensées*, c'est-à-dire qu'elle est celle des libertins – partagée également, bien entendu, par bon nombre d'autres croyants de son époque (Mersenne, Gassendi et tant d'autres mécanistes[1]). Le point fort de Pascal sur ce point, c'est qu'il perçoit parfaitement cette cohérence entre science et religion et qu'il propose un argument apologétique en stricte conformité avec cette philosophie de l'homme et du monde.

Rappelons d'abord que la science gassendiste accorde provisoirement à des définitions nominales le statut d'axiomes pour en tirer une explication vraisemblable de l'apparence des choses[2]. Le statut des définitions est donc déterminé par une convention qui se fonde sur l'utilité *pratique* des explications scientifiques. À but pratique, la science dépendra aussi de l'habileté pratique des artisans : la primauté accordée à l'expérience donne une importance capitale aux instruments scientifiques qui permettent des expériences de plus en plus subtiles. Cette question de

1 Voir Lenoble, R., *Mersenne, ou la naissance du mécanisme*, Paris, Vrin, 1943 ; A. W. S. Baird, « Pascal's idea of nature », *Isis*, 61, 3, n° 208 (1970), p. 297-320.

2 *Exercitationes*, p. 280 ; voir aussi Koyré, A., « Gassendi le savant », in *Pierre Gassendi. Sa vie et son œuvre, 1592-1655*, dir. B. Rochot, A. Koyré, G. Mongrédien et A. Adam, Paris, Albin Michel, 1955, p. 60-70 ; Mazauric, S., *Gassendi, Pascal et la querelle du vide*, p. 31-37, 113-124 ; Bloch, O., *La Philosophie de Gassendi*, IIe partie, et du même, « Gassendi critique des Descartes », p. 229 ; Fisher, S., *Pierre Gassendi's Philosophy and science : atomism for empiricists*, Leiden, Boston, Brill, 2005.

l'importance des artisans et de l'inutilité des disputes des philosophes scolastiques surgit au XVIIe siècle dans les milieux scientifiques en France et en Angleterre[3] : on en constate l'influence dans le récit des expériences pascaliennes sur l'équilibre des liqueurs[4].

Le nominaliste se contente de nier que nous ayons des critères pour juger selon l'« évidence » des sens de la nature réelle des phénomènes de la nature : il n'y a pas de passage légitime du connaître à l'être[5]. Le statut des définitions dans l'explication scientifique leur étant conférée par une convention provisoire, elles jouent le rôle d'axiomes non pas de droit mais par la voix de la pluralité[6]. C'est le principe de la définition de Démocrite : « L'homme est ce que nous savons tous[7] ». Gassendi reprend alors une maxime de saint Augustin : « nous travaillons sur l'incertain[8] » ; partant de l'« évidence » des sensations, nous n'avons de science que des apparences sur lesquelles nous formons des conjectures vraisemblables. Nous verrons la pertinence de cette conception de la science pour saisir celle de Pascal et celle des libertins auxquels il s'adresse.

Pascal distingue entre le « veritable ordre », qui définit une science parfaite, « qui consiste… à tout définir et à tout prouver » et la géométrie, qui est la science *humaine* la plus parfaite. Ce qui fait déchoir la géométrie de la perfection accomplie du « véritable ordre » est qu'elle se fonde sur des termes qui ne sont pas définis :

---

3 *Exercitationes*, p. 32. Voir Nicolson, M., « The microscope and the English imagination », *Smith College Studies in early modern languages*, 16,4 (1935), et « A world in the moon : a study of changing attitudes toward the moon », 17,2 (1936) ; Hill, C., *The Intellectual Origins of the English Revolution*, London, OUP, 1965, *passim*, et particulièrement sur Gresham College ; Hamou, Ph., *La Mutation du visible. Essai sur la portée épistémologique des instruments d'optique au XVIIe siècle*, Villeneuve d'Ascq, Presses du Septentrion, 1999-2001, 2 vol.

4 Voir l'édition de J. Mesnard et sa bibliographie, *Œuvres complètes*, II, p. 1036 *sqq.*

5 *Exercitationes*, p. 408 ; *Disquisitiones*, p. 144, 198, 294, 326.

6 *Exercitationes*, p. 466-468.

7 Sextus Empiricus, *Œuvres choisies*, Paris, 1948, p. 219.

8 *Exercitationes*, p. 434 : voir Pascal, *Pensées* : « Travailler pour l'incertain, aller sur la mer, passer sur une planche » (S. 134) ; « Or quand on travaille pour demain et pour l'incertain on agit avec raison, car on doit travailler pour l'incertain, par la règle des partis qui est démontrée. §Saint Augustin a vu qu'on travaille pour l'incertain sur mer, en bataille, etc. Mais il n'a pas vu la règle des partis qui démontre qu'on le doit. Montaigne a vu qu'on s'offense d'un esprit boiteux et que la coutume peut tout, mais il n'a pas vu la raison de cet effet. Toutes ces personnes ont vu les effets mais ils n'ont pas vu les causes. […] » (S. 480).

> On trouvera peut-être étrange que la géométrie ne puisse définir aucune des choses qu'elle a pour principaux objets. Car elle ne peut définir ni le mouvement, ni les nombres, ni l'espace; et cependant ces trois choses sont celles qu'elle considère particulièrement [...] Elle *suppose* donc que l'on sait quelle est la chose qu'on entend par ces mots : *mouvement, nombre, espace*[9]...

C'est que, si on tente de définir ces termes simples de la géométrie, on glisse des définitions de noms, définitions libres et volontaires, à des définitions de choses, autrement dit à des propositions qui exigeraient d'être démontrées[10]. Or, nous ignorons l'« essence » des choses; nous ignorons les « substances ». Ainsi, *mouvement*, *nombre*, *espace* fondent la géométrie mais ne sauraient être définis (III.401); de même, rappelons-le, *nombre*, *temps*, *dimension* sont des « principes » dont nous avons le *sentiment*, puisque « l'âme » les « trouve » dans le« corps » où elle est « jetée » (S. 680). Cette définition de la substance est inutile pour la perfection de la géométrie, qui se fondera sur ces principes en définissant librement les termes de sa science et les axiomes qui découlent de ces définitions de nom. Dans les limites de cette science, on pourra conduire à bien des démonstrations qui découlent des propriétés définies. Si on accepte donc les termes primitifs, cette science nous permet d'accéder à la certitude la plus élevée dans la science humaine.

Mais lorsqu'il s'agit des sciences de la nature, dans les expériences sur le vide, sur l'équilibre des liqueurs ou sur la pesanteur de la masse de l'air, par exemple, nous n'avons pas la même liberté dans la définition des choses et nous ignorons les substances. Sur quoi portent donc les raisonnements dans le domaine de la physique? Sur des expériences qui révèlent le fonctionnement de la nature tel que nous pouvons l'appréhender. Et comment pouvons-nous l'appréhender? Seulement selon les apparences, puisque nous ignorons les substances. Autrement dit, nous n'avons affaire qu'aux apparences et nous proposons des hypothèses pour rendre compte des apparences que nous observons à l'aide d'expériences. Nous multiplions les expériences pour faire varier d'une façon qui nous paraît significative les phénomènes observés et nous proposons des hypothèses pour rendre compte de ces variations. Comme Pascal le souligne avec sarcasme dans les lettres qu'il adresse au Père jésuite Étienne Noël, nous ne sommes pas libres dans l'affirmation de

9 Pascal, *Œuvres complètes*, éd. J. Mesnard, III, p. 401 : je souligne.
10 *Ibid.*, III, p. 398-399.

l'existence des choses ; nos propositions dans le domaine de l'observation des phénomènes physiques ne sont pas des définitions de noms. Ainsi, dans l'ignorance où nous sommes quant à la nature des substances, nos propositions ne nous permettent pas d'aller au-delà de la vraisemblance. Ce qui ne veut pas dire, évidemment, que nos affirmations soient libres et gratuites : elles doivent se conformer à la logique ; elles doivent éviter la contradiction interne ; elles doivent éviter de supposer ce qui est en question… ; elles doivent rendre compte des phénomènes observés en désignant une cause (ou des causes) des effets apparents ; et elles doivent respecter l'économie des hypothèses.

Cette dernière règle est évidemment capitale. Si un principe fournit une explication satisfaisante d'un grand nombre de phénomènes, nous n'aurons pas recours à une multiplicité d'explications différentes pour expliquer ces mêmes phénomènes. Dans les limites de l'exercice de la logique dans l'explication des phénomènes, nous pouvons atteindre des certitudes : je peux, par exemple, être certain que le jésuite Étienne Noël suppose ce qui est en question, que sa conception de l'« horreur du vide » contredit les données de l'expérience, que ce même principe est insuffisant à rendre compte des phénomènes observés, etc. Sur ces différents points, le raisonnement de Pascal s'exerce dans la certitude de la cohérence/incohérence des arguments proposés. Mais, comme il le souligne, les explications les plus cohérentes des phénomènes, les explications qui tiennent compte de la plus grande variété des expériences et qui désignent des causes puissantes et unificatrices ne sont que des hypothèses ; elles sont toujours soumises à la nature finie de nos observations et devront peut-être s'adapter à de nouvelles observations à la suite de nouvelles expériences. Ainsi, jamais nos hypothèses sur le fonctionnement de la nature n'atteignent le statut de certitudes. La limite de notre certitude est simple à définir : telle hypothèse est la meilleure (la plus cohérente, la plus puissante, la plus unificatrice…) *dans l'état de nos observations des phénomènes.* L'expérience est le principe de la méthode en physique et nos affirmations ne sauraient dépasser les limites des expériences sur lesquelles elles se fondent.

C'est évident et c'est simple… C'est une nature désenchantée, dépourvue de qualités occultes, qui fonctionne selon l'enchaînement des causes et des effets, une nature mécanique, dont notre science cherche à rendre compte sans recourir à des causes étrangères à la matière. C'est sur ce point que nous pouvons comparer ce monde appréhendé par le physicien Pascal avec l'univers exploré par le héros de Cyrano. Sans entrer ici dans le détail, qu'il suffise de dire que la fantaisie de Cyrano le conduit à proposer toutes sortes d'explications des phénomènes physiques, toutes sortes de leçons scientifiques, qui se contredisent parfois, mais qui ont toutes ce trait commun d'expliquer le fonctionnement de la nature par la seule matière. On peut relever au passage que la fameuse leçon de l'Espagnol qui conclut que « tout est dans tout » (« c'est-à-dire que dans l'eau, par exemple, il y a du feu ; dedans le feu, de l'eau ; dedans l'air, de la terre ; et dedans la terre, de l'air[11] ») se trouve très précisément dans la seconde lettre que le Père Étienne Noël adresse à Pascal pour nier l'existence du vide et pour « démontrer » que « tout espace est corps[12] ».

Mais l'essentiel est que, pour ce qui est du raisonnement scientifique, l'univers entier est matière. Nous ne pouvons connaître l'infinie variété de la matière, mais nous pouvons observer les phénomènes tels qu'ils se présentent à nous et nous pouvons en proposer des explications vraisemblables, c'est-à-dire des hypothèses quant au fonctionnement *mécanique* de la nature. L'homme ignore les substances ; il observe l'univers avec ses moyens physiques, avec ses sens, qui sont fort limités. D'autres créatures, telles que le démon de Socrate, qui a plus de sens que l'homme et qui a donc une tout autre appréhension et compréhension de la nature (il observe « la cause des marées », par exemple), permettront à Cyrano d'affirmer que l'essence de la matière est le feu, auquel l'homme a un rapport privilégié par l'imagination. Mais que l'homme n'observe la nature qu'au moyen de cinq pauvres sens, que toutes ses idées viennent des sens, que sa conception de l'univers est donc déterminée par sa constitution physique, corporelle ; que la nature de l'homme est actuellement « pareille à celle des animaux », que les sentiments de l'homme sont engendrés par le corps selon la mécanique de l'« abêtissement » (c'est-à-dire selon la mécanique de l'animal-machine, l'automate, l'habitude du corps), que l'homme conçoit l'univers en termes de « nombre, temps, dimension » *parce qu'il est corps* (parce que « l'âme est jetée dans le corps »), qu'il suppose un enchaînement de causes et d'effets matériels sur lequel il propose des hypothèses vraisemblables, que la nature fonctionne sans

11 Cyrano DE Bergerac, Savinien, *Les États et empires de la lune et du soleil (avec le fragment de physique)*, éd. M. Alcover, Paris, Champion Classiques, 2004, p. 83.

12 Pascal, *Œuvres complètes*, éd. J. Mesnard, II, p. 532-533.

égards pour l'homme, qu'elle constitue un tout homogène inépuisable dans l'infinie variété des effets, qu'il n'y a aucun besoin, pour expliquer le fonctionnement de la nature, d'avoir recours à des miracles, ni à des qualités occultes, ni à des causes surnaturelles… : sur tous ces points, Pascal et Cyrano sont d'accord. Et sur tous ces points, ils s'accordent avec les principes de la philosophie scientifique et humaine de Gassendi.

Le désaccord entre Cyrano et Pascal portera évidemment sur la nature de l'homme : animal purement corporel pour Cyrano, puisque le corps suffit à rendre compte de toutes ses actions ; nature double, corps et esprit, selon Pascal, car « qu'est-ce qui sent du plaisir en nous ? on verra qu'il faut que ce soit un principe immatériel » (S. 230) ; « Raison et instinct : marques de deux natures » (S. 144). Mais ce partage des chemins permet de prendre la mesure de tout ce qu'ils partagent dans leur conception de l'univers et de l'homme. En ce sens, Pascal et Cyrano partagent une conception gassendiste, matérialiste, de la science de l'univers ; sur ce fondement, Cyrano propose une conception matérialiste de la nature de l'homme, tandis que Pascal explique la condition actuelle de l'homme, sa « misère » qui s'identifie à la « nature » mécanique des animaux, par le prodigieux « renversement » de la nature humaine opérée par la Chute. Nous avons bien affaire aux deux héritages du gassendisme : le matérialisme hétérodoxe de Cyrano et le christianisme augustinien que Pascal déduit de ces mêmes prémisses.

LA POLITIQUE :
LA FORCE ET L'IMAGINATION

L'apologétique pascalienne se fonde donc sur une conception du sentiment de la foi conforme à la « seconde nature », et cette nature est définie en des termes anticartésiens, gassendistes, que partage l'interlocuteur libertin : il se reconnaît en « l'homme sans Dieu » que dépeint Pascal. La pensée politique de Pascal, qui découle en toute cohérence de cette anthropologie, est une politique de la « seconde nature » : elle est fondée par et sur le corps.

Je n'insiste pas longuement sur la nature de la *raison* des *effets* puisque l'analyse de L. Thirouin me paraît excellente sur ce point[1]. Les *effets* en question ont fait l'objet d'allusions dans la liasse *Vanité* :

> Il a quatre laquais. (S. 53)
> Pourquoi me tuez-vous ? (S. 43) Il demeure au-delà de l'eau. (S. 54)

Il s'agit toujours – ici implicitement – de deux constats qui semblent en contradiction apparente : on veut que je respecte un homme qui a quatre laquais ou qui est bien habillé, alors que cet homme n'appelle pas le respect par quelque qualité intérieure que ce soit ; je m'étonne qu'on célèbre comme un héros un guerrier qui en a assassiné un autre et on me donne comme seule explication que l'homme assassiné « demeure au-delà de l'eau ». Les *effets* sont le constat de paradoxes dans la vie sociale. Pascal en donne les *causes* en répondant aux « demi-habiles » qui en dénoncent l'absurdité :

---

1 Thirouin, L., *Pascal ou le défaut de la méthode*, Paris, Honoré Champion, 2015, chap. II : « Raison des effets : un concept pascalien », p. 97-119 ; voir aussi Carraud, V., *Pascal et la philosophie*, *op. cit.*, p. 255-262. Sur la pensée politique de Pascal, voir Ferreyrolles, G., *Pascal et la raison du politique*, Paris, PUF, 1984, et *Les Reines du monde. L'imagination et la coutume chez Pascal*, Paris, Honoré Champion, 1995 ; Bouchilloux, H., « La politique pascalienne : contre Montaigne et Hobbes », *Revue Philosophique de la France et de l'Étranger*, 183 (1993), p. 661-682 ; Lazzeri, C., *Force et justice dans la politique de Pascal*, Paris, PUF, 1993 ; Gatti, R., *Politica e trascendenza. Saggio su Pascal*, Roma, Edizioni Studium, 2010.

> Cela est admirable : on ne veut pas que j'honore un homme vêtu de brocatelle, et suivi de sept ou huit laquais. Et quoi, il me fera donner les étrivières, si je ne le salue. Cet habit, c'est une force. [...] (S. 123)
>
> Être brave [bien habillé] n'est pas trop vain, car c'est montrer qu'un grand nombre de personnes travaillent pour soi. [...] Plus on a de bras, plus on est fort. Être brave, c'est montrer sa force. (S. 129)
>
> Plaisante justice qu'une rivière borne ! Vérité au-deçà des Pyrénées, erreur au-delà. (S. 94)

Et il en donne la *raison* :

> Le respect est incommodez-vous.
>
> Cela est vain en apparence, mais très juste, car c'est dire : Je m'incommoderais bien si vous en aviez besoin, puisque je le fais bien sans que cela vous serve. [...] (S. 115)
>
> Pourquoi me tuez-vous ? – Et quoi, ne demeurez-vous pas au-delà de l'eau ? Mon ami, si vous demeuriez de ce côté, je serais un assassin et cela serait injuste de vous tuer de la sorte. Mais puisque vous demeurez de l'autre côté, je suis un brave et cela est juste. (S. 84)

Les signes conventionnels de respect sont utiles à la *distinction* sociale et donc à la conservation de l'ordre social qui repose sur le pouvoir :

> Justice force. Il est juste que ce qui est juste soit suivi. Il est nécessaire que ce qui est fort soit suivi. [...] ne pouvant faire que ce qui est juste fût fort, on a fait que ce qui est fort fût juste. (S. 135)

On appelle juste ce qui a été imposé en premier lieu par la Force. Cette injustice est nécessaire, car toute contestation de l'ordre social conduit inévitablement à la guerre civile. Or,

> Le plus grand des maux est les guerres civiles. (S. 128)

Les « habiles » respectent donc les marques de la hiérarchie sociale et les conventions injustes car ce sont des signes symboliques de la Force qui, en l'absence d'une véritable justice, confère la légitimité politique. La propriété privée est une « usurpation » (S. 98) : c'est la loi des armes. Les rois « n'ont pas l'habit seulement, ils ont la force » (S. 78). La Force impose des lois, qui ne sont donc que des conventions locales ; elles se maintiennent par l'imagination, c'est-à-dire par l'imposture :

> le plus sage des législateurs [Platon d'après Montaigne] disait que pour le bien des hommes il faut souvent les piper [...]. Il ne faut pas qu'il [le peuple] sente la vérité de l'usurpation. Elle a été introduite autrefois sans raison, elle est devenue raisonnable. Il faut la faire regarder comme authentique, éternelle et en cacher le commencement si on ne veut qu'elle ne prenne bientôt fin. (S. 94)

> La puissance des rois est fondée sur la raison et sur la folie du peuple, et bien plus sur la folie. La plus grande et importante chose du monde a pour fondement la faiblesse. Et ce fondement est admirablement sûr, car il n'y a rien de plus [sûr] que cela, que le peuple sera faible. (S. 60)

En effet, le peuple lit dans les signes conventionnels de l'autorité imposée par la Force les marques d'une autorité légitime et juste :

> La coutume de voir les rois accompagnés de gardes, de tambours, d'officiers et de toutes les choses qui ploient la machine vers le respect et la terreur font que leur visage, quand il est quelquefois seul et sans ces accompagnements, imprime dans leurs sujets le respect et la terreur parce qu'on ne sépare point dans la pensée leur personne d'avec leur suite qu'on y voit d'ordinaire jointe. Et le monde qui ne sait pas que cet effet vient de cette coutume croit qu'il vient d'une force naturelle. Et de là viennent ces mots : *Le caractère de la divinité est empreint sur son visage*, etc. (S. 59)

Cette « piperie » – qui présente une « fantaisie » (S. 62) comme une loi de justice – est effectuée par un roi qui a une force réelle ; ceux à qui il délègue son pouvoir n'ont qu'une autorité « fausse » :

> Le chancelier est grave et revêtu d'ornements, car son poste est faux. Et non le roi : il a la force. Il n'a que faire de l'imagination. Les juges, les médecins, etc. n'ont que l'imagination. (S. 121)

Laquais, uniforme, luxe : Pascal suggère toute la sémiotique subtile de la hiérarchie sociale qui s'impose à l'opinion du peuple. L'art de régner est un art de l'imposture, un art du bon usage de l'imagination du peuple :

> La Force est la reine du monde et non pas l'opinion, mais l'opinion est celle qui use de la Force. (S. 463)

Comme nous l'avons déjà vu, la force et l'imagination s'allient pour consolider le pouvoir :

> L'empire fondé sur l'opinion et l'imagination règne quelque temps, et cet empire est doux et volontaire. Celui de la force règne toujours. Ainsi l'opinion est comme la reine du monde, mais la force en est le tyran. (S. 546)

La Force est le seul fondement du pouvoir, mais elle fait appel à l'imagination pour se perpétuer de telle ou telle façon :

> Les cordes qui attachent le respect des uns envers les autres, en général, sont cordes de nécessité. Car il faut qu'il y ait différents degrés, tous les hommes voulant dominer, et tous ne le pouvant pas, mais quelques-uns le pouvant.
>
> Figurons-nous donc que nous les voyons commencer. Il est sans doute qu'ils se battront jusqu'à ce que la plus forte partie opprime la plus faible et qu'enfin il y ait un parti dominant. Mais quand cela est une fois déterminé, alors les maîtres, qui ne veulent pas que la guerre continue, ordonnent que la force qui est entre leurs mains succédera comme il leur plaît : les uns le remettent à l'élection des peuples, les autres à la succession de naissance, etc.
>
> Et c'est là où l'imagination commence à jouer son rôle. Jusque-là la pure force l'a fait. Ici c'est la force qui se tient par l'imagination en un certain parti : en France, des gentilshommes ; en Suisse, des roturiers ; etc.
>
> Or, ces cordes qui attachent donc le respect à tel et à tel en particulier, sont des cordes d'imagination. (S. 668)

Et dès lors, la coutume s'impose :

> Rien, suivant la seule raison, n'est juste de soi, tout branle avec le temps. La coutume fait toute l'équité, par cette seule raison qu'elle est reçue. C'est le fondement mystique de son autorité. (S. 94)

Les lois naturelles sont introuvables (S. 94), car les hommes ont perdu leur « première nature ».

> Les seules règles universelles sont les lois du pays aux choses ordinaires et la pluralité aux autres. D'où vient cela ? De la force qui y est (S. 116).

La démocratie même n'est qu'une traduction symbolique de la pluralité des voix (S. 119), c'est-à-dire de la force du plus grand nombre.

Ainsi, à cette étape de l'apologie, Pascal propose une analyse « habile », dénonçant l'erreur du peuple, dont les opinions sont « saines » mais qui « n'en sent pas la vérité où elle est » (S. 127), et l'erreur des « demi-habiles », qui dénoncent l'illégitimité de cette Force et de cette coutume, sans tenir compte du fait que les hommes, en leur condition actuelle, sont incapables de définir une véritable justice et d'asseoir une autorité légitime : « c'est un jeu sûr pour tout perdre » (S. 94). L'habile homme se résigne à maintenir l'ordre social, même reconnu injuste, pour éviter la guerre civile, qui est « le plus grand des maux[2] ». L'interlocuteur libertin se reconnaît donc en cet habile homme. Cet accord est vital à la poursuite de l'argumentation apologétique. Pouvons-nous identifier ce libertin habile ?

De nombreuses sources sont possibles, que Pascal a pu connaître directement ou indirectement. Hobbes fonde la Justice sur la Force du Léviathan, mais, en évoquant « l'usurpation de toute la terre » (S. 98), Pascal semble exclure la notion de contrat. De son côté, Naudé traite des « machiavélismes » de la pratique politique, et cite la définition par Juste Lipse des « conseils fins et artificieux qui s'écartent un peu des lois et de la vertu, pour le bien du roi et du royaume[3] » ; enfin, il traduit par « coup d'État » les « excès du droit commun à cause du droit public », autrement dit « des actions hardies et extraordinaires que les princes sont contraints d'exécuter aux affaires difficiles et comme désespérées, contre le droit commun, sans garder même aucun ordre ni forme de justice, hasardant l'intérêt du particulier, pour le bien du public » (p. 65) : il consacre donc l'écart entre morale et politique et admet que le but légitime du pouvoir politique est de se maintenir, de maintenir l'ordre social, quelle que soit son injustice.

Cette même volonté « habile » de maintenir l'ordre social existant peut se lire dans les *Dialogues* de La Mothe Le Vayer, qui tente de se mettre à l'abri de l'ordre public pour cultiver une philosophie d'élite dans l'espace privé du cercle de ses amis : l'ordre politique est nécessaire pour retenir le peuple, c'est un ordre commode qui permet au philosophe de vaquer à l'essentiel[4]… Et on pourrait poursuivre cette recherche dans les *Opera* de Gassendi et dans sa correspondance, comme aussi dans l'*Abrégé*

---

2 Je ne poursuis pas ici la « gradation » conclusive des « dévots qui ont plus de zèle que de science » qui ne se contentent pas de « l'idée de derrière » des habiles et des « chrétiens parfaits » qui acceptent l'ordre injuste du monde comme une punition et comme une pénitence (S. 124), car, à cette étape de l'argumentation apologétique, l'interlocuteur libertin est évidemment indifférent à cette distinction, n'ayant pas encore été convaincu de la vérité de la doctrine chrétienne.

3 Naudé, Gabriel, *Considérations politiques sur les coups d'État*, Rome, 1639, éd. Fr. Charles-Daubert, Hildesheim etc., Georg Olms, 1993, chap. II : « Quels sont proprement les coups d'Estat et de combien de sortes », p. 31-75.

4 Voir Giocanti, S., *Penser l'irrésolution. Montaigne, Pascal, La Mothe Le Vayer : trois itinéraires sceptiques*, Paris, Honoré Champion, 2001.

de Bernier[5]. Toutes ces pistes mériteraient d'être approfondies. Mais notre interprétation de la philosophie apologétique de Pascal confère un intérêt particulier aux écrits du traducteur du *De Cive* de Hobbes et de l'éditeur de la *Disquisitio metaphysica* de Gassendi : Samuel Sorbière est un témoin privilégié de la philosophie libertine que visait Pascal[6].

Sorbière adopte une épistémologie hobbienne, un phénoménisme relativiste selon lequel la vérité réside dans la cohérence toute subjective de nos mouvements de pensée et non dans l'adéquation avec les choses :

> On dit communément que la vérité est la conformité de la pensée avec les choses qu'elle représente. Mais on se trompe, à mon avis, en ce que la pensée étant un mouvement, il ne faut la comparer qu'à des mouvements. Nous ne pouvons point répondre des choses qui sont hors de nous ; mais bien des mouvements que nous ressentons [...] La vérité résulte de la comparaison des mouvements des pensées entre elles[7].

Avec Hobbes, Sorbière observe la jungle des intérêts conflictuels qui engendre la violence « naturelle » des hommes : elle donne lieu à une tromperie universelle, car la duplicité, art de ne jamais révéler ses intentions véritables afin de ne pas donner prise à l'agressivité d'autrui, devient vitale. « L'homme est un animal crédule et menteur » : il faut s'en méfier pour ne pas s'exposer à la violence ; il faut le tromper pour le maintenir dans l'ordre. Sorbière illustre cette piperie machiavélienne par l'exemple de l'illusion populaire sur l'autorité des lois : celles-ci ne reposent en fait que sur l'intérêt du plus fort :

> Le droit est très faible tout seul en cette dépravation de la nature humaine, s'il n'est accompagné de la force qui le soutienne ; et par conséquent, la force

5 Voir *Corpus*, n° spécial *Bernier et les gassendistes*, dir. S. Murr, 20/21 (1992) ; Darmon, J.-Ch., « Prudence politique et droit de propriété privée selon Bernier : pour une analyse utilitariste de la décadence des États du Grand Mogol », *Libertinage et philosophie au XVIIe siècle*, 3 (1999), p. 123-142.

6 Voir Pintard, R., *Le Libertinage érudit dans la première moitié du XVIIe siècle*, Paris, 1943, et Genève, Paris, Slatkine, 1983 ; Gouverneur, S., « Samuel Sorbière et la réhabilitation des passions », *Libertinage et philosophie au XVIIe siècle*, 4 (2000), p. 183-198, et surtout Sorbière, Samuel, *Discours sceptiques*, éd. S. Gouverneur, Paris, Honoré Champion, 2002, et sa bibliographie : sans citer explicitement le nom de Pascal, le commentaire très riche de S. Gouverneur met en évidence la pertinence de la philosophie de Sorbière pour notre propos.

7 Sorbière, Samuel, *Relations, lettres et discours sur diverses matières curieuses*, Paris, F. Clousier, 1660, 4°, p. 697.

> est un degré au-dessus de lui ; puisque sans elle il demeurerait dans la spéculation des personnes modérées, et n'oserait jamais paraître en la pratique du monde. Le droit est fondé sur le pacte, mais la force n'en reconnaît point, et s'estime aussi libre que la foudre et les tempêtes, qui gâtent impunément les fruits et sans qu'on puisse les accuser d'injustice[8].

Hobbes et Machiavel s'allient donc pour nous conduire à la conclusion que tire Sorbière : la force est « l'âme, la maîtresse, et la souveraine raison de la justice[9] ». Le fondement de l'État réside dans la Force et la Fourberie. Sorbière tire la conclusion que l'absolutisme est nécessaire : il faut fonder l'obéissance sur un principe d'autorité qui tranche les conflits potentiels.

Lors de sa conversion officielle, Sorbière admet que la raison ne nous permet pas d'accéder à « la connaissance certaine de Dieu éternel[10] » : la persuasion de la foi se fonde sur des témoignages fiables et concordants. La raison juge de la vraisemblance des témoignages, et lorsqu'elle satisfait à cet examen, la foi vaut une démonstration. Il aborde ensuite le rôle de la religion dans le maintien de l'ordre politique : il y a un lien intrinsèque entre l'ordre politique et l'ordre religieux, commente Sophie Gouverneur[11], en raison du rôle central de la discipline dans la capacité d'obéir, la royauté bénéficiant de l'accoutumance religieuse à l'obéissance. En effet, la coutume est le principal instrument de l'autorité en ce qu'elle implique durée et multitude : envisagée comme un instrument politique, la foi est une coutume parmi d'autres. L'ordre établi repose tranquillement sur l'opinion collective. Le tort des protestants, déclare Sorbière, ne réside pas dans la fausseté de leurs opinions mais dans le danger qu'entraîne le désordre politique. Exploitant la religion comme un instrument de son pouvoir, le souverain a le droit de transgresser toutes les lois morales et religieuses pour préserver l'ordre public : la fin justifie les moyens.

> Les Maximes d'État sont au-dessus de la justice distributive. Le salut du peuple est la suprême loi, à laquelle les souverains peuvent soumettre l'intérêt du particulier, lorsque le bien public le demande [...] toujours, quoi qu'il en soit, la Raison d'État doit prévaloir[12].

---

8 *Ibid.*, p. 391.
9 *Ibid.*
10 *Discours*, *ibid.*, p. 85.
11 *Discours sceptiques*, p. 26.
12 *Ibid.*, p. 29.

La faute politique n'est pas de transgresser une loi morale, mais de tolérer le moindre trouble public. Ainsi, les pratiques politiques ne sont conformes ni à la vérité ni à la morale : elles « ont bien souvent quelque chose d'injuste et de cruel en soi, ou d'indigne de la franchise, et d'indécent à la gravité des personnes vertueuses; mais on ne laisse pas de les souffrir, et de les louer, à cause de l'utilité qui en revient[13] ».

Certes, la force ne peut toujours se montrer comme telle : elle doit employer la ruse pour se déguiser afin de mieux se faire accepter et ne pas s'épuiser. La leçon de Machiavel est assimilée et elle permet de tirer les mêmes conclusions que celles de Pascal : la Force déguise son autorité au moyen de l'imposture, au moyen de l'imagination et de l'opinion ; le peuple ne sent pas la vérité où elle est.

Enfin, Sophie Gouverneur met en évidence la tentative de Sorbière de défendre une sphère privée de liberté : il emprunte à Montaigne l'idée paradoxale que la seule façon de ne pas être asservi à la politique est de ne pas s'en occuper, d'obéir aux lois sans se préoccuper de leur légitimité fondamentale. Obéir sans participer, c'est rester propriétaire de soi-même, tandis que l'activité politique nous déloge de nous-même et par là nous asservit[14]. Ainsi, la réflexion sur l'obéissance se met au service d'une pensée de la liberté intérieure, de la libre disposition de soi : le philosophe n'engage dans l'obéissance politique que le corps; il garde par ailleurs son autonomie particulière, la liberté de ses opinions.

Cette revendication de Sorbière est présentée comme un affranchissement libertin à l'égard de l'autorité de l'État, comme le premier pas d'une éthique libertine. À mes yeux, elle trouve son équivalent dans la pensée de Pascal à plusieurs niveaux. D'abord, dans la « pensée de derrière » qui est la dernière étape de la « gradation » laïque (S. 124) : en effet, tandis que les « demi-habiles » condamnent l'ordre politique et méprisent les fausses valeurs sur lesquelles il repose, les « habiles » reconnaissent la nécessité de cet ordre injuste, qui maintient la paix, puisque « Le plus grand des maux est les guerres civiles » (S. 128). Pour les libertins dits « érudits » tels que La Mothe Le Vayer, l'obéissance à l'ordre politique injuste permet au philosophe de vaquer à ses réflexions en son for intérieur. Ensuite, Pascal, comme Sorbière, délimite le domaine

13 *Sorberiana, ou les pensées critiques de M. de Sorbière, recueillies par M. de Graverol. Seconde édition, revue et augmentée de six nouvelles dissertations*, éd. G. Colomiès, Paris, 1695, p. 109.

14 *Discours sceptiques*, p. 47.

de l'exercice légitime de l'autorité politique : celle-ci repose sur la Force, elle appartient au corps ; elle ne peut donc exiger que des marques extérieures de respect : nous inclinons le corps face aux signes extérieurs de l'autorité politique ; en notre for intérieur, nous pouvons en juger à notre guise, selon les lumières de l'esprit et selon les valeurs du cœur. *Foris ut mores, intus ut libet.*

Ce survol suffit, à notre sens, pour souligner tout l'intérêt des écrits de Sorbière, intermédiaire de premier rang dans la vie des idées qui nous occupent, et pour démontrer que Pascal visait juste, qu'il avait parfaitement saisi, dans ses prémisses, la philosophie libertine et parfaitement saisi les conséquences politiques qui en découlaient. La politique libertine est-elle une « subversion des valeurs chrétiennes » (S. Gouverneur), ou l'apologie pascalienne constitue-t-elle un « détournement de la politique libertine[15] » ? Il nous semble, en tout cas, que les *Pensées* de Pascal sont un témoignage de premier ordre sur la philosophie libertine de l'âge classique et sur la pensée politique des libertins. Certains jugeaient, au XVIIe siècle, qu'il faisait des concessions excessives aux libertins, redoutant que l'argument du « roi dépossédé » (S. 149) et du « roseau pensant » (S. 145) ne suffisent pas à orienter vers le christianisme la philosophie de la « seconde nature ». Du moins, Pascal avait bien vu le danger de l'échec du rationalisme cartésien : philosophie de l'honnêteté (ou de la sociabilité) et épicurisme gassendiste – fondant une critique radicale du christianisme – c'est précisément cette alliance explosive du libertinage qui allait s'épanouir quelques années plus tard dans les écrits codés de Molière et de La Fontaine : « Hélas ! je suis ce que tu veux, concède Sosie : Dispose de mon sort tout au gré de tes vœux : / Ton bras t'en a fait le maître[16]. » Et le fabuliste lui fait écho : « Si quelqu'un desserre les dents, / C'est un sot. – J'en conviens. Mais que faut-il donc faire ? – Parler de loin, ou bien se taire[17]. »

---

15 Méchoulan, É., « Le libertinage politique de Pascal », *Littératures classiques*, 55 (2004), p. 93-103.

16 Molière, *Amphitryon*, acte I, scène 2, v. 389-391, éd. G. Couton, Paris, Gallimard (Pléiade), 1971, II, p. 377 ; éd. G. Forestier, Paris, Gallimard (Pléiade), 2010, II, p. 377.

17 La Fontaine, *Fables*, « *L'Homme et la couleuvre* », livre X, éd. J.-C. Darmon, Paris, Librairie Générale française (Classiques de Poche), 2002, p. 305-307.

« L'ÉCRITURE ET LE RESTE »

Après cette lecture de l'anthropologie pascalienne, nous devons nous interroger sur la nature de la foi à laquelle Pascal cherche à conduire son libertin. Le dossier *Commencement* – que Ph. Sellier identifie à une lettre faisant partie de l'« ouverture » projetée de l'apologie dans son ensemble[1] – pose la question : « Que faire ? », et apporte la réponse : « Il faut donc faire comme si on était seul » (S. 184). « Par les partis vous devez vous mettre en peine de rechercher la vérité » (S. 190) – évocation, comme dans les fragments S. 185-186-187, du « Discours de la machine » ou « pari » (S. 680), qui constitue lui aussi une des lettres de l'« ouverture[2] ».

Je n'entre pas ici dans le détail sur le « pari ». Laurent Thirouin propose une analyse approfondie du calcul, de sa portée, de son statut apologétique[3] : c'est un argument préalable en ce sens que c'est un argument qui suppose qu'il n'y a pas de preuves pour ou contre l'existence de Dieu. L'incertitude est absolue. Que faire ? Nous sommes obligés d'agir : « nous sommes embarqués » dans la vie et notre vie même exprimera le choix que nous faisons. Nous ne saurions rester neutres. C'est la situation pyrrhonienne par excellence. Nous devons vivre et nous sommes dans l'incertitude. Il faut faire, dit Pascal, comme nous faisons habituellement : tous les jours « nous travaillons pour l'incertain » ; nous jugeons des choses selon la probabilité et selon la vraisemblance et nous agissons dans le but d'assurer notre bonheur. Nous faisons implicitement

---

1 Sellier, Ph., « L'ouverture de l'apologie », *XVIIe siècle*, 177 (1992), repris dans *Port-Royal et la littérature. Pascal*, *op. cit.*, p. 103-123, ici p. 114-115 sur la « Lettre d'ôter les obstacles ».

2 Sellier, Ph., « L'ouverture de l'apologie » et « Les leçons de la "Lettre pour porter à rechercher Dieu" », dans le recueil du même, *Port-Royal et la littérature. Pascal*, 2e éd., Paris, Honoré Champion, 2010, respectivement p. 103-123, et 125-140.

3 Thirouin, L., *Le Hasard et les règles : le modèle du jeu dans la pensée de Pascal*, Paris, Vrin, 1991, et « Le pari au départ de l'apologie », *Chroniques de Port-Royal*, 63 (2013), p. 67-82. Voir aussi Carraud, V., *Pascal et la philosophie*, *op. cit.*, p. 434-450, et Shiokawa, T., « Le "pari" de Pascal : de l'apologie à la spiritualité », *Littératures classiques*, 39 (2000), p. 207-218.

un calcul des risques et des enjeux et nous agissons – toujours dans l'incertitude. Pascal formalise ce calcul et le tient pour « démonstratif » – mathématiquement ou « géométriquement » convaincant. L'incroyant résiste : cette résistance ne peut venir que de ses passions ; il veut croire, mais ne le peut. Dans un souci d'efficacité, il faut invoquer cette force qui fonde tous nos « sentiments », la coutume : « en prenant de l'eau bénite, en faisant dire des messes, etc. *Naturellement* même cela vous fera croire et vous abêtira » (S. 680). En effet, la foi est un sentiment : « c'est le cœur qui sent Dieu » ; « Dieu sensible au cœur » (S. 680). De même, c'est le cœur qui sent les premiers principes (*ibid.* et S. 142) ; de même encore, le peuple *sent* la « divinité » du roi (*ibid.* et S. 59). Or, ce sentiment vient de la coutume : Pascal le dit ici explicitement : « la coutume est notre nature. Qui s'accoutume à la foi la croit, et ne croit autre chose » (S. 680, p. 472). Il y a ainsi une parfaite cohérence dans son traitement des premiers principes (« trouvés » dans le corps S. 680, p. 467), le traitement des « opinions saines » du peuple (saines mais erronées) qui se fondent sur l'habitude ou la coutume (S. 59) et enfin le traitement de la foi, « abêtissement », produit de la coutume ou habitude d'aller à l'église, de dire la messe, etc. Je ne veux pas dire par là que Pascal *réduit* la foi à la coutume. Cette définition de la foi par la coutume n'est pas réductrice, car les hommes n'ont pas d'alternative : toutes leurs convictions, tous leurs « sentiments » se fondent sur la coutume. Ils sont incapables de saisir une vérité absolument vraie : toutes les vérités qu'ils saisissent portent la marque de leur nature, – la foi, conviction religieuse, comme toute autre conviction.

Il n'y a pas là réduction, mais cohérence parfaite de l'analyse. Cependant, il reste un problème : comment distinguer la foi de la superstition ? Ici encore nous ferons comme dans la vie de tous les jours : nous raisonnons constamment sur les vraisemblances et sur notre intérêt, nous engageons tous les jours notre vie sur de tels raisonnements. Ce n'est pas parce que nous sommes incapables d'une certitude parfaite que nous devons renoncer à tout raisonnement. Nos raisonnements aboutissent à la *vraisemblance*. De même, la *soumission et usage de la raison* répond à cette double contrainte : ne pas renoncer à la raison, constater notre incapacité à fournir des preuves démonstratives, « absolument certaines ». Nous éviterons la superstition selon la même logique qui nous permet d'éviter la folie dans la vie de tous les jours. Nous exigerons de l'apologiste qu'il nous fournisse des preuves comparables à celles qui nous suffisent dans la vie de tous les jours. Selon la formule de Filleau de La Chaise : « M. Pascal entreprit donc de faire voir que la Religion Chrétienne était en aussi forts termes que ce qu'on reçoit le plus indubitablement parmi les hommes » – et lorsqu'il approfondit cette remarque, il affirme que Pascal propose « des preuves morales et historiques, et de certains sentiments qui viennent de la nature et de l'expérience » … « et il fit voir que ce n'est que sur des preuves de cette sorte que sont fondées les choses qui sont reconnues dans le monde pour les plus certaines[4] ». Il donne les exemples qui ne sont pas ceux de Pascal, mais qui illustrent ces « preuves morales et historiques » : l'existence de Mahomet, celle de la ville de Rome, « l'embrasement » de Londres en 1666. Tous ces exemples se fondent sur des *témoignages*.

Or, Pascal précise, dans le dossier *Excellence* – qui se situe au début de la seconde partie de l'apologie après le bilan du portrait de l'homme « sans Dieu » – la nature des preuves qu'il compte fournir[5]. Nous savons qu'elles devront justifier cette remarque : « Ce sera une des confusions des damnés de voir qu'ils seront condamnés par leur propre raison par laquelle ils ont prétendu condamner la religion chrétienne. » (S. 206). Ce sont donc des preuves raisonnables, mais ce ne sont pas des preuves métaphysiques ou géométriques. Il s'agit néanmoins de bonnes raisons. Certes,

> il ne faut pas se méconnaître : nous sommes automate autant qu'esprit. De là vient que l'instrument par lequel la persuasion se fait n'est pas la seule démonstration. Combien y a-t-il peu de choses démontrées ! Les preuves ne convainquent que l'esprit ; la coutume fait nos preuves les plus fortes et les plus crues : elle incline l'automate, qui entraîne l'esprit sans qu'il y pense… (S. 661).

Nos convictions se fondent donc sur la coutume ; nous le savions ; mais évidemment, il y a aussi des erreurs qui sont crues par coutume : « …c'est elle qui fait les Turcs, les païens, […], etc. » (S. 661). La conviction ne suffit donc pas en elle-même : le sentiment n'est pas en soi un guide sûr.

---

4 Filleau DE La Chaise, Nicolas, *Discours sur les « Pensées » de M. Pascal*, Paris, Guillaume Desprez, 1672, p. 15-16 : le même texte est inclus – avec la même pagination – en annexe des éditions des *Pensées* parues chez Desprez à partir de 1678.

5 Voir Sellier, Ph., « Une préface "retrouvée" de l'apologie », in *ibid.*, *Port-Royal et la littérature. Pascal*, 2e éd., Paris, Honoré Champion, 2010, p. 157-170.

Engendré par l'habitude, il nous entraînerait aussi bien au paganisme qu'au christianisme. Il faut donc exploiter la coutume « quand une fois l'esprit a vu où est la vérité » (S. 661) – *semel in vita* selon la formule cartésienne. Le sentiment engendré par la coutume se fondera ainsi sur la conviction engendrée par les preuves.

De quelles preuves s'agit-il[6] ? Les textes pertinents sont bien connus :

> J'admire avec quelle hardiesse ces personnes entreprennent de parler de Dieu. En adressant leurs discours aux impies, leur premier chapitre est de prouver la divinité par les ouvrages de la nature. Je ne m'étonnerais pas de leur entreprise s'ils adressaient leurs discours aux fidèles [...]. Mais pour ceux en qui cette lumière [de la foi] est éteinte et dans lesquels on a dessein de la faire revivre, ces personnes destituées de foi et de grâce, qui, recherchant de toute leur lumière tout ce qu'ils voient dans la nature qui peut les mener à cette connaissance, ne trouvent qu'obscurité et ténèbres ; dire à ceux-là qu'ils n'ont qu'à voir la moindre des choses qui les environnent et qu'il y verront Dieu à découvert, et leur donner pour toute preuve de ce grand et important sujet le cours de la lune et des planètes, et prétendre avoir achevé sa preuve avec un tel discours, c'est leur donner sujet de croire que les preuves de notre religion sont bien faibles. Et je vois par raison et par expérience que rien n'est plus propre à leur en faire naître le mépris. Ce n'est pas de cette sorte que l'Écriture, qui connaît mieux les choses qui sont de Dieu, en parle... (S. 644).

Pascal refuse donc la « voie royale » de Gassendi : il sait que, aux yeux de l'incroyant, l'ordre de la nature ne démontre pas l'existence d'un Créateur intelligent. Il refuse aussi les preuves métaphysiques cartésiennes :

> Les preuves de Dieu métaphysiques sont si éloignées du raisonnement des hommes et si impliquées, qu'elles frappent peu et quand cela servirait à quelques-uns, cela ne servirait que pendant l'instant qu'ils voient cette démonstration, mais une heure après ils craignent de s'être trompés. (S. 222)

Mais il ne s'agit pas seulement d'efficacité : l'argument rationnel, métaphysique – même s'il était efficace – ne démontrerait pas l'existence du Dieu chrétien mais celle du « Dieu des philosophes », du Dieu des déistes. Pascal en donne un exemple et sa formulation suggère qu'il la tire des *Trois Vérités* de Charron :

> N'y a-t-il point une vérité substantielle, voyant tant de choses vraies qui ne sont point la vérité même ? (S. 680)

6 Voir aussi Carraud, V., *Pascal et la philosophie*, *op. cit.*, p. 347-392, sur les preuves naturelles.

Mais une telle « preuve », écho sans doute de la quatrième « voie » thomiste vers l'existence de Dieu – selon l'annotation proposée par G. Ferreyrolles – se heurte à une objection rédhibitoire :

> *Quod curiositate cognoverunt, superbia amiserunt.* (S. 680)

Pascal rejette explicitement la preuve métaphysique de l'existence d'un Dieu auteur des vérités géométriques et celle du Dieu principe intelligent créateur de l'ordre de la nature, car il ne s'agit pas là du Dieu chrétien :

> Et c'est pourquoi je n'entreprendrai pas ici de prouver par des raisons naturelles, ou l'existence de Dieu, ou la Trinité, ou l'immortalité de l'âme, ni aucune des choses de cette nature ; non seulement parce que je ne me sentirais pas assez fort pour trouver dans la nature de quoi convaincre des athées endurcis, mais encore parce que cette connaissance sans Jésus-Christ est inutile et stérile. *Quand un homme serait persuadé que les proportions des nombres sont des vérités immatérielles, éternelles et dépendantes d'une première vérité en qui elles subsistent et qu'on appelle Dieu*, je ne le trouverais pas beaucoup avancé pour son salut.
>
> Le Dieu des chrétiens ne consiste pas en un *Dieu simplement auteur des vérités géométriques et de l'ordre des éléments* : c'est la part des païens et des épicuriens [...] Tous ceux qui cherchent Dieu hors de Jésus-Christ et qui s'arrêtent dans la nature, ou ils ne trouvent aucune lumière qui les satisfasse, ou ils arrivent à se former un moyen de connaître Dieu et de le servir sans médiateur. Et par là, ils tombent ou dans l'athéisme ou dans le déisme, qui sont deux choses que la religion chrétienne abhorre presque également. [...] (S. 690)

Ainsi, toutes les preuves que Pascal souhaite exposer visent à prouver la divinité de Jésus-Christ, Dieu fait homme : « Dieu par Jésus-Christ. Nous ne connaissons Dieu que par Jésus-Christ. Sans ce médiateur est ôtée toute communication avec Dieu, par Jésus-Christ nous connaissons Dieu. Tous ceux qui ont prétendu connaître Dieu et le prouver sans Jésus-Christ n'avaient que des preuves impuissantes... » (S. 221). Il s'agit bien de preuves historiques qui serviront à prouver l'authenticité, l'autorité de l'Écriture : « Mais pour prouver Jésus-Christ nous avons les prophéties, qui sont des preuves solides et palpables. Et ces prophéties étant accomplies et prouvées véritables par l'événement marquent la certitude de ces vérités et partant la preuve de la divinité de Jésus-Christ. En lui et par lui nous connaissons donc Dieu » (S. 221). Ces réflexions de Pascal me semblent bien correspondre à la formule de Filleau de La Chaise : il ne s'agira, pour des raisons à la fois épistémologiques et doctrinales, que de preuves historiques, de *témoignages*, car il s'agit de persuader l'incroyant de la vérité de la Révélation : le christianisme consiste d'abord à croire que le Christ est le Messie.

Assurément, cette restriction de l'apologie à des preuves historiques a choqué les contemporains. Ces preuves morales, ces preuves qui dépendent de la crédibilité des témoignages, de l'authenticité des textes, qui prétendent concilier mille contradictions apparentes, ces preuves historiques enfin semblent bien vulnérables, car elles ne visent au mieux que la vraisemblance. Elles ne seront jamais que plus ou moins vraisemblables. Est-ce suffisant ? Pascal répond par avance à cette question par sa grande réflexion sur la *disproportion* entre l'homme et l'univers qu'il souhaiterait comprendre. Ce fragment exigerait un commentaire détaillé[7]. Je me contenterai ici de tirer la conclusion : l'homme est perdu dans l'infinité du temps et de l'espace. Il est incapable de comprendre le moindre phénomène, et tous les phénomènes sont liés ; il est donc incapable de comprendre le monde : « Que fera-t-il donc sinon apercevoir [quelque] apparence du milieu des choses, dans un désespoir éternel de connaître ni leur principe ni leur fin ? » (S. 230). De plus, il ne voit les choses que selon sa nature : « au lieu de recevoir les idées des choses pures, nous les teignons de nos qualités, et empreignons [de] notre être composé toutes les choses simples que nous contemplons » (S. 230, p. 268). C'est une leçon d'humilité : l'homme est « incapable de passer outre » :

> Voilà notre état véritable. C'est ce qui nous rend incapables de savoir certainement et d'ignorer absolument. Nous voguons sur un milieu vaste, toujours incertains et flottants, poussés d'un bout vers l'autre. Quelque terme où nous pensions nous attacher et nous affermir, il branle et nous quitte. Et si nous le suivons, il échappe à nos prises, il glisse et fuit d'une fuite éternelle. Rien ne s'arrête pour nous, c'est l'état qui nous est *naturel* et toutefois le plus contraire à notre inclination. Nous brûlons de désir de

7 Voir Carraud, V., *ibid.*, p. 263 *sqq.*, et p. 426-434, où le texte pascalien est rapporté à ceux de Descartes, mais qui néglige malheureusement l'article, décisif à mes yeux, de Jasinski, R., « Les deux infinis de Pascal », *Revue d'histoire de la philosophie*, 7 (1933), p. 134-159, qui démontre la dette de Pascal à l'égard de Gassendi. C'est ce qui, à mes yeux, conduit V. Carraud à refuser à la pensée de Pascal le statut de « philosophie » et à insister sur la « destitution de l'ordre de la rationalité et la subversion des philosophèmes qui la caractérise », p. 451 *sqq.* Il adopte sur ce point la même position que Marion, J.-L., *Sur le prisme métaphysique de Descartes*, Paris, PUF, 1986, V^e partie, p. 293-369, que commente Bouchilloux, H., « La portée anti-cartésienne du fragment des trois ordres », *Revue de métaphysique et de morale*, 1 (1997), p. 67-83.

> trouver une assiette ferme, et une dernière base constante pour y édifier une tour qui s'élève à l'infini, mais tout notre fondement craque et la terre s'ouvre jusqu'aux abîmes. (S. 230, p. 266)

Aucun dogmatisme ne tient après cette analyse. Ou plutôt, comme le dit Pascal ailleurs sous forme de paradoxe : « Le pyrrhonisme est le vrai » (S. 570) ; « Ce n'est point ici le pays de la vérité ; elle erre inconnue parmi les hommes » (S. 425).

En effet, la portée des preuves historiques ne peut pas être d'établir une certitude absolue. Elles se fondent sur des *témoignages* qui sont plus ou moins vraisemblables. « Les preuves que Jésus-Christ et les apôtres tirent de l'Écriture ne sont pas démonstratives… » (S. 425). La nature de la foi que l'apologiste peut souhaiter communiquer à son interlocuteur est nécessairement humaine : elle dépend de la nature humaine. La foi qui se fonde sur des arguments humains est nécessairement une foi humaine, caractérisée par cette incertitude qui marque toutes les connaissances et toutes les convictions humaines. Encore une fois, ce n'est pas là *réduire* la foi à une persuasion banale ou subalterne. Nos convictions intimes, les certitudes que nous tenons pour les plus indubitables ne se fondent en dernière analyse que sur des arguments du même genre, de même statut. Pascal impose à l'incroyant d'être cohérent avec lui-même : certes, la religion chrétienne n'est pas fondée sur des preuves *démonstratives*, mais il serait illégitime d'exiger de la part de l'apologiste des preuves d'une autre nature que celles qui nous servent dans notre vie « ordinaire », que celles sur lesquelles nous engageons notre vie et celle de nos proches. L'argument pascalien est sur ce point d'une parfaite cohérence : c'est un argument *ad hominem* rétorqué au libertin qui méprise les preuves historiques, les preuves fondées sur le vraisemblable. Il répond également à l'exhortation de Blaise et de Jacqueline Pascal à leur sœur Gilberte Périer :

> Il faut que nous nous servions du lieu même où nous sommes tombés, pour nous relever de notre chute[8].

L'homme de la *seconde nature* n'a de communication avec Dieu que par Jésus-Christ, Dieu *incarné*.

8 Pascal, *Pensées, opuscules et lettres*, éd. Ph. Sellier, *op. cit.*, p. 657 ; éd. J. Mesnard, *op. cit.*, II, p. 582.

Michel Serres a parfaitement mis en lumière une analyse qui lie les travaux de Pascal mathématicien et physicien à l'argument de l'apologiste. Dans ses raisonnements scientifiques, Pascal recherche le « point privilégié de l'espace autour duquel s'organise le problème, s'ordonnent les lois, se déterminent le mouvement, le repos, l'équilibre, se répartissent les poids, les forces, les mesures ou les nombres [...] Que si le monde est en ordre, cet ordre n'est concevable que par ce point[9] ». Ainsi – je prends un exemple simple sans affronter la complexité des calculs du triangle arithmétique et des carrés magiques commentés par Dominique Descotes[10] – les différentes coniques se révèlent être « des images de la conférence du cercle ou [...] des métamorphoses du cercle. Le sommet du cône est ce point privilégié sous lequel on définit sans difficulté des correspondances réglées entre l'original et ses images[11] ».

Prenons l'exemple d'une expérience scientifique. Celle que Pascal dirige sur l'équilibre des liqueurs consiste à envisager un même phénomène de différents « points de vue » : nous constatons la différence entre nos observations selon les circonstances de l'expérience. En d'autres termes, nous avons affaire à des témoignages divers sur un même phénomène, témoignages qui diffèrent selon les circonstances. Il s'agit ensuite d'expliquer ces différences : autrement dit, il s'agit de trouver la cohérence entre les différents témoignages. Qu'est-ce qui explique que les faits observés diffèrent selon les circonstances ? Nous remontons ainsi à une explication cohérente de nos observations. Est-ce à dire que nous accédons à une véritable science des causes des phénomènes ? Non, bien entendu : nous ignorons les substances (S. 230). Nous ne savons même pas ce que c'est qu'un corps. Nous ne faisons que proposer une explication cohérente de nos observations, et nos observations ne portent que sur les « accidents », c'est-à-dire non pas sur les substances, mais sur les apparences. Le statut épistémologique de nos explications scientifiques ne dépasse pas celui des observations qui les sous-tendent, et ces observations ne sont que des témoignages humains : ils dépendent en dernière analyse du corps.

---

9 Serres, M., *Le Système de Leibniz et ses modèles mathématiques* Paris, PUF, 1968, chap. « Le paradigme pascalien », p. 672.

10 Descotes, D., *L'Argumentation chez Pascal*, Paris, PUF, 1993, et *Blaise Pascal. Littérature et géométrie*, Clermont-Ferrand, Presses Universitaires Blaise Pascal, 2001 ; « Le problème de l'ordre chez Pascal », *Studi francesi*, 143 (2004), p. 281-300.

11 Serres, M., *Le Système de Leibniz*, *op. cit.*, p. 666.

Étendons cette analyse élémentaire à notre conception de l'histoire et des « preuves » historiques. Manifestement, dans le domaine de l'histoire, les témoignages jouent un rôle primordial, et leur statut épistémologique est d'être plus ou moins *vraisemblables*, c'est-à-dire plus ou moins conformes aux *apparences* et à nos *habitudes*. Plus un fait rapporté nous semble contraire à nos habitudes, plus nous exigerons de précision et de concordance dans les témoignages. On comprend ainsi que la réflexion pascalienne sur la nature des preuves ait pu prendre comme point de départ les témoignages et les contestations du miracle de la Sainte-Épine : comment « vérifier » un miracle ? Il s'agira d'abord d'établir la cohérence des témoignages. Ainsi, dans une perspective plus large, notre lecture de l'histoire peut être envisagée comme la confrontation de différents témoignages – ou points de vue. Notre conviction quant à la réalité des événements rapportés dépendra de notre jugement sur la vraisemblance, et nous fonderons ce jugement sur la cohérence des témoignages. En ce sens, notre lecture de l'histoire n'est pas – du point de vue épistémologique – différente de notre expérimentation scientifique : nous envisageons un même événement (ou phénomène) de différents « points de vue » et nous recherchons l'explication cohérente de ces différents témoignages. Quelle est la valeur de ces témoignages ? Évidemment, ils ne portent que sur les apparences, et nous aboutissons, dans le meilleur des cas, à une explication cohérente et *donc* vraisemblable.

La recherche de la cohérence entre les différents points de vue se révèle être un type d'analyse très fécond chez Pascal et nous pouvons même l'étendre à notre « saisie » de notre propre expérience dans la vie quotidienne. En effet, l'histoire se fonde sur les témoignages des autres et j'accorde à ces témoignages plus ou moins de crédit. Or, envisagée sous cet angle, ma propre vie quotidienne n'est autre chose qu'une histoire où je suis moi-même le témoin privilégié : j'accorde à ce témoin un crédit maximal, car je ne suis pas tenté de mettre en doute sa bonne foi. Ainsi, les jugements qui me guident et qui m'engagent dans la vie quotidienne se fondent sur des témoignages que je juge fiables (puisque ce sont les miens). Évidemment, je ne suis pas réduit à me fier au seul témoignage des sens : j'ai une petite habitude de la vie quotidienne, je réfléchis sur les apparences, je compare mes expériences passées et j'ai des habitudes qui me permettent de débrouiller les pièges les plus grossiers. Mais enfin, il s'agit toujours d'apparences : je ne juge que de la vraisemblance des apparences, et, encore une fois, ce jugement se fonde sur la recherche de la cohérence, cette cohérence étant celle de ma propre vie physique et psychologique.

Dans l'expérience scientifique, dans l'histoire et dans la vie pratique, il s'agit donc toujours d'un même raisonnement et d'une même recherche de la cohérence. Étendons cette même analyse aux preuves scripturaires. Qu'est-ce que l'Écriture ? C'est l'histoire des Juifs. Le Dieu d'Abraham, d'Isaac et de Jacob est le Dieu de l'histoire. Comme toute histoire, celle-ci se fonde sur l'attestation des témoins contemporains : les apôtres furent témoins des miracles de Jésus-Christ, nous-mêmes sommes témoins de l'accomplissement des prophéties : « vous êtes mes témoins de ma divinité, dit le Seigneur » (S. 735). Dans l'examen de cette histoire, il s'agit donc, encore une fois, de n'exclure aucun témoignage et de trouver une explication cohérente des différents « points de vue ». Cette recherche permet à Pascal de souligner le caractère paradoxal du témoignage des Juifs : précisément parce qu'ils étaient hostiles au Christ, leur témoignage – entendons, l'Ancien Testament qu'ils ont conservé – est fiable : nous ne saurions les soupçonner d'avoir modifié leur témoignage pour mieux l'adapter à l'histoire du Christ (S. 691, 692, 694). Les prophéties de l'Ancien Testament qui se réalisent dans le Nouveau, constituent donc des indices fiables de la cohérence – de la vraisemblance, de la vérité historique – de l'Écriture : « le parti est de croire que tout cela n'est pas un coup de hasard » (S. 358).

Ce dernier jugement se fait – selon le commentaire de Filleau de La Chaise, comme nous l'avons vu – selon « certains sentiments qui viennent de la nature et de l'expérience ». Il précise ce commentaire dans son troisième discours intitulé *Qu'il y a des démonstrations d'une autre espèce et aussi certaines que celles de la géométrie et qu'on peut en donner de telles pour la religion chrétienne* (Paris, 1678) :

> Car à quelque degré qu'on puisse pousser la difficulté d'un certain *hasard*, comme par exemple de faire retrouver du premier coup à un aveugle une oraison de Cicéron après avoir brouillé les caractères qui la composent et qu'il prendrait l'un après l'autre au hasard, il est certain que, quoique cela paraisse extravagant à proposer, un homme profond dans la connaissance des nombres déterminera au juste ce qu'il y a à *parier* en cette occasion, n'y ayant point d'impossibilité réelle que cela ne puisse arriver. (p. 4)[12]

12 Sur cet argument, voir Deprun, J., « Quand la nature lance les dés…, ou préhistoire des singes dactylographes », in *Le Jeu au* XVIII*e siècle*, Aix-en-Provence, Édisud, 1976, p. 49-60.

Il développe cette analyse en proposant des « paris » et des « partis » plus sophistiqués et conclut sur l'exemple de l'existence de la ville de Rome :

> Car enfin de tous ceux qui ont dit qu'il y avait une ville de ce nom-là, il n'y en a pas un qui ne l'ait voulu dire, qui n'ait su ce qu'il faisait en le disant et qui n'ait même eu en cela quelque but ; toutes choses qui ne sont point du domaine du *hasard*. Et comme il ne se peut qu'entre ceux-là il n'y en ait eu un nombre presque infini qui auraient su que cette ville n'était point si elle n'était point en effet, il faut avoir *perdu le sens* pour s'imaginer que le hasard a pu faire qu'ils aient tous eu des raisons pour aimer mieux dire ce mensonge que la vérité, ou que tous l'aient mieux aimé sans raison. Il n'est pas nécessaire de pousser cela plus loin, on l'affaiblirait plutôt par le détail qu'on ne le ferait comprendre à qui ne le *sent* pas d'abord. Mais on peut soutenir hardiment qu'*il est impossible de ne le pas sentir non plus qu'un premier principe*, et que si l'existence de la ville de Rome n'est pas *démontrée* pour ceux qui n'y ont pas été, il s'ensuit qu'il y a des choses non démontrées plus certaines pour ainsi dire que des démonstrations. (p. 9)

Et il confirme que ce raisonnement vise bien à appuyer l'argumentation apologétique de Pascal :

> La Religion Chrétienne est assurément de ce genre ; et qui aurait assez d'esprit, d'application et de lecture, en viendrait à bout de le faire voir. (p. 10)

Il énumère les preuves historiques pour conclure que, devant cette accumulation d'indices concordants, il faudrait avoir « perdu le sens » pour croire que tout cela ait pu se faire par hasard. Il rejoint par là le quatrième livre de la *Logique de Port-Royal*, où Arnauld et Nicole expliquent les règles de la *foi humaine* en déclarant que, par les règles qui président au jugement dans l'histoire des événements, face à des témoignages historiques concordants – sur l'existence des antipodes, par exemple – « il *faudrait être fou* pour ne le pas croire », comme « il faudrait de même avoir *perdu le sens* pour douter » de l'existence de César, Pompée, Cicéron ou Virgile[13]. En effet, une formule de Pascal se fonde sur le même raisonnement :

> L'hypothèse des apôtres fourbes est bien absurde. Qu'on la suive tout au long, qu'on s'imagine ces douze hommes assemblés après la mort de Jésus-Christ faisant le complot de dire qu'il est ressuscité ! Ils attaquent par là toutes les puissances. Le cœur des hommes est étrangement penchant à la légèreté, aux

13 Arnauld, Antoine, et Nicole, Pierre, *La Logique ou l'art de penser*, éd. D. Descotes, Paris, Honoré Champion, 2011, livre IV, chap. 11 : « De ce que nous connaissons par la foi, soit humaine, soit divine », p. 580-583.

> changements, aux promesses, aux biens. Si peu que l'un de ceux-là se fût démenti par tous ces attraits, et qui plus est par les prisons, par les tortures et par la mort, ils étaient perdus. Qu'on suive cela ! (S. 341)

Autrement dit, il faudrait être fou pour croire que les hommes, faits comme ils sont, aient pu envisager un tel complot et réaliser leur ambition. Les apôtres sont donc des *témoins* fiables.

La formule de Pascal est donc bien l'indice qu'il raisonne dans le contexte d'une réflexion commune à Port-Royal sur l'application de la « règle des partis » à la crédibilité historique, à la « foi humaine[14] ». Revenons au texte des *Pensées* où il aborde les difficultés de la lecture de la Bible. En effet, dans cette lecture nous nous heurtons à des contradictions – et à une contradiction principale qui les résume toutes : un « Dieu humilié » (S. 273 et dossier « Fondements »). La recherche de la cohérence engage Pascal dans l'interprétation figurative de l'Écriture : « Ainsi, pour entendre l'Écriture il faut avoir un sens dans lequel tous les passages contraires s'accordent… » (S. 289 et dossier « Loi figurative »). La lecture figurative de l'Écriture est la seule qui permette d'en découvrir la véritable cohérence : « Tout ce qui ne va point à la charité est figure » (S. 301). Le Nouveau Testament réalise figurativement les prophéties de l'Ancien Testament que les juifs avaient interprétées littéralement. Cette correspondance ou cohérence des deux Testaments est la preuve – morale, historique – que Jésus-Christ est le Messie et que l'Écriture est une Révélation divine. Cette histoire a un *sens*[15].

Du côté de l'interlocuteur, le rôle clé de la Figure fonde la doctrine de la disposition du cœur : « Dans ces promesses-là chacun trouve ce qu'il a

---

14 Sur le statut des preuves historiques, voir Le Guern, M., « Sur une collaboration probable entre Pascal et Arnauld », *XVIIe siècle*, 173 (1991), p. 351-358 ; Shiokawa, T., *Pascal* et les *miracles*. Paris, A.-G. Nizet, 1977 ; « À propos de la distinction arnaldienne de la "foi divine" et de la "foi humaine" : signification de cette dichotomie », *Chroniques de Port-Royal*, 44 (1995), p. 187-198, article développé dans son recueil *Entre foi et raison : l'autorité*, Paris, Honoré Champion, 2012, p. 54-59, et 215-235 ; *idem*, « Logique et politique : le rôle de la notion de foi humaine dans l'affaire de la signature du Formulaire », in *Justice et force. Politiques au temps de Pascal*, éd. G. Ferreyrolles, Paris, Klincksieck, 1996, p. 307-316 ; et « *Justus ex fide vivit* et *fides ex auditu* : deux aspects de la foi dans l'apologétique pascalienne », *Revue des sciences humaines*, 244 (1996), p. 159-178.

15 Voir Paganini, G., « Temps et histoire dans la pensée libertine », *Archives de philosophie*, 49 (1986), p. 583-602, où il analyse la conception pascalienne du temps dans le contexte des philosophies libertines contemporaines de la composition des *Pensées*.

dans le fond de son cœur, les biens temporels ou les biens spirituels, Dieu ou les créatures… » (S. 738)[16]. Cette doctrine des preuves historiques et des figures correspond donc très précisément à la volonté de Dieu d'éclairer les uns et d'aveugler les autres selon leur disposition : « Il y a assez de clarté pour éclairer les élus et assez d'obscurité pour les humilier. Il y a assez d'obscurité pour aveugler les réprouvés et assez de clartés pour les condamner et les rendre inexcusables. » (S. 268) et encore, même analyse : « Il y a assez de lumière pour ceux qui ne désirent que de voir, et assez d'obscurité pour ceux qui ont une disposition contraire. » (S. 274). En effet, « On n'entend rien aux ouvrages de Dieu si on ne prend pour principe qu'il a voulu aveugler les uns et éclaircir les autres. » (S. 264).

Cette interprétation de l'Écriture se fonde donc sur la recherche de la cohérence des témoignages, des « points de vue ». Ainsi s'accomplit la traduction de l'ordre géométrique, de l'ordre de la cohérence, dans l'univers de la *seconde nature*, univers de la vraisemblance dépourvue de certitude. En prouvant, par l'accord des témoignages, l'autorité de l'Écriture, l'apologiste prouve que la religion chrétienne est aussi certaine que les propositions les plus indubitables de l'expérience commune. Est-ce à dire que ces « preuves » de l'autorité de l'Écriture sont absolument certaines ? Non, évidemment, car il ne s'agit toujours que de témoignages humains, que d'une histoire humaine, et elle ne saurait fonder qu'une foi humaine. Pascal l'accorde d'ailleurs explicitement :

> Les prophéties, les miracles mêmes et les preuves de notre religion ne sont pas de telle nature qu'on puisse dire qu'ils sont absolument convaincants, mais ils le sont aussi de telle sorte qu'on ne peut dire que ce soit être sans raison que de les croire… (S. 423)

La religion du Dieu caché est une religion raisonnable ; elle est sans démonstration, sans évidence.

Une formule d'Hélène Bouchilloux pourrait laisser croire qu'elle adopte cette même position sur l'ambition apologétique de Pascal et sur l'utilité des preuves :

---

16 « La volonté est un des principaux organes de la créance, non qu'elle forme la créance, mais parce que les choses sont vraies ou fausses selon la face par où on les regarde. La volonté qui se plaît à l'une plus qu'à l'autre détourne l'esprit de considérer les qualités de celle qu'elle n'aime pas à voir. Et ainsi l'esprit, marchant d'une pièce avec la volonté, s'arrête à regarder la face qu'elle aime, et ainsi il en juge par ce qu'il y voit. » (S. 458).

> Se préparer à la grâce, c'est donc réduire les obstacles à la grâce. La raison et l'accoutumance ont un rôle à jouer dans ce processus, comme l'atteste [S. 655...]. Pascal ne dit pas que les preuves sont suffisantes pour convaincre, ni que l'accoutumance est suffisante pour persuader, ni que la discipline qu'on s'impose est suffisante pour mériter la grâce ; il dit à l'inverse que seule la grâce produit « le vrai et salutaire effet », c'est-à-dire la conviction avec la persuasion, et que la discipline qu'on s'impose n'est qu'un moyen de s'offrir par les humiliations aux inspirations d'une grâce qui est toujours parfaitement gratuite[17].

Mais il n'en est rien. Si une ambiguïté subsiste ici, elle est levée sans équivoque ailleurs. Elle estime que les preuves n'ont aucunement la fonction de convaincre, mais seulement de « discriminer les personnes raisonnables », celles qui « servent Dieu de tout leur cœur parce qu'elles le connaissent » et celles qui « cherchent Dieu de tout leur cœur parce qu'elles ne le connaissent pas » (p. 113). Ainsi, elle invoque la formule de Pascal sur les preuves qui « ne sont pas absolument convaincantes » mais qui servent à démontrer à l'interlocuteur que sa résistance ne se fonde pas sur la raison mais sur ses passions rebelles : « on ne peut dire que ce soit être sans raison que de les croire » (S. 423). Pour l'apologiste augustinien, affirme-t-elle,

> la preuve ne peut jamais être que la cause occasionnelle d'une persuasion *dont la conversion du cœur par la grâce efficace est la cause réelle.* (p. 98)

Ainsi, la grâce est une condition nécessaire *préalable* à la conviction par les preuves et à l'« abêtissement » par la coutume : c'est la grâce seule qui permet une pleine conviction et une pleine persuasion que, dans l'Écriture comme dans le monde, « Jésus-Christ est l'objet de tout, et le centre où tout tend » (S. 690).

> De deux choses l'une [...] : ou bien la grâce est donnée et la preuve est la cause occasionnelle d'une persuasion dont la cause réelle est la conversion du cœur par la grâce ; ou bien la grâce n'est pas donnée, et la preuve ne sert

17 Bouchilloux, H., *Pascal. La force de la raison*, Paris, Vrin, 2004, p. 100. Voir aussi son ouvrage *Apologétique et raison dans les* Pensées *de Pascal*, Paris, Klincksieck, 1995, et ses articles « La critique des preuves de l'existence de Dieu et la valeur du discours apologétique », *Revue internationale de philosophie*, 199 (1997), p. 5-29 ; « La portée anti-cartésienne du fragment des trois ordres », *Revue de métaphysique et de morale*, 1 (1997), p. 67-83 ; « Qu'est-ce qu'être cartésien, selon Pascal ? », in *Qu'est-ce qu'être cartésien ?*, dir. D. Antoine-Mahut, Lyon, ENS Éditions, 2013, p. 179-189.

> qu'à retourner la raison contre ceux qui s'en réclament contre la religion chrétienne. Dans ce dernier cas, la preuve n'a aucunement pour fonction de convaincre, la raison étant empêchée de se rendre à la preuve par un cœur réfractaire à Dieu. (p. 100)

On pourrait objecter que les preuves en question sont de simples preuves *historiques* tirées de l'Écriture Sainte. Filleau de La Chaise les compare aux preuves qui nous permettent de croire avec certitude que Mahomet a vécu, que la ville de Rome existe et que la ville de Londres a brûlé en 1666 ; de même, les auteurs de la *Logique* les mettent sur le même plan que les *témoignages* sur l'existence des antipodes et précisent qu'« il faudrait être fou pour ne le pas croire ». Il n'y a là aucune transcendance. Mais aussi il ne s'agit chez ces auteurs que de la « foi humaine » et non pas de la « foi divine ». C'est cette distinction capitale qui conduit Hélène Bouchilloux à préciser

> Contrairement à ce que soutiennent certains commentateurs, Pascal ne vise pas à produire chez son interlocuteur une foi humaine. Il y a de cela deux raisons : 1) une foi humaine est inutile pour le salut ; 2) une foi humaine est impossible là où le cœur prévient l'esprit contre l'objet de cette foi. (p. 115)

Si les preuves ne servent pas à susciter une « foi humaine », à quoi servent-elles ? Quelle serait leur fonction par rapport à la grâce ?

> Le but visé n'est pas de convaincre par l'accumulation des preuves, le but visé est d'ôter les obstacles à la conviction, obstacles dont l'usage de la raison permet d'identifier la nature non rationnelle mais passionnelle. [...] Il s'agit d'atténuer par une action tout humaine les mouvements de la concupiscence. On prendra garde de distinguer ici l'action humaine et l'action divine. La grâce divine convertit le cœur et surmonte les obstacles. La discipline humaine préconisée par Pascal ne convertit pas le cœur et ne surmonte pas les obstacles. La coutume infléchit seulement l'inclination naturelle. Mais cet infléchissement a son importance : il prépare à la fois le cœur à l'action de la grâce divine et l'esprit à l'action des preuves humaines. D'une part, *il rend le cœur plus enclin à accueillir la grâce divine quand celle-ci sera donnée* [...] ; d'autre part, il rend l'esprit plus réceptif aux preuves humaines, le cœur y ayant moins d'opposition qu'auparavant. (p. 117 : je souligne)

Ainsi, l'ordre de la preuve et de la conviction/persuasion est renversé : « il faut se convertir pour que les signes et les preuves deviennent crédibles[18] ».

18 *Ibid.*, p. 119.

Hélène Bouchilloux précise ensuite que « Dieu n'est pas assujetti à l'ordre naturel » des raisons : « il donne les vérités divines comme il lui plaît, sans être tenu de les faire passer de l'esprit dans le cœur » (p. 118). Il donne la grâce à qui et quand il le veut ; il n'est pas obligé d'attendre que l'incroyant soit convaincu par les preuves pour lui donner la grâce, et même, « les vérités divines ne peuvent être acceptées ni par le cœur ni par l'esprit de l'homme pécheur, que son cœur ne soit préalablement converti par la grâce efficace » (p. 118) Les preuves ne seront efficaces que si l'incroyant a déjà reçu la grâce. L'utilité de la coutume serait d'« infléchir l'inclination naturelle » pour rendre la grâce efficace moins « douloureuse » et plus efficace qu'elle n'est déjà en rendant « le cœur plus enclin à l'accueillir » (p. 117).

Deux objections majeures s'opposent à cette lecture. D'une part, quant à la fonction attribuée de la coutume, la grâce efficace n'est pas une potion amère ; elle est efficace par définition et constitue une *délectation* victorieuse[19] : il est inutile et d'ailleurs impossible d'en « faciliter » le don ou l'accueil (voir l'exemple de saint Paul). D'autre part, il s'ensuit de cette lecture que les preuves sont parfaitement inutiles. Elles ne convainquent pas sans la grâce ; elles ne persuadent que celui qui a déjà reçu la grâce. Or, si l'interlocuteur a reçu la grâce, qu'a-t-il besoin de preuves ? Il est déjà converti. Il est déjà disposé à aimer Dieu et à reconnaître que « Jésus-Christ est l'objet de tout, et le centre où tout tend » (S. 690). Le critère de l'utilité qui a servi à écarter la foi humaine

19 Voir Pascal, *Écrits sur la grâce*, éd. J. Mesnard, *Œuvres complètes*, *op. cit.*, III, p. 704 : « Car qu'y a-t-il de plus clair que cette proposition, que l'on fait toujours ce qui délecte le plus ? Puisque ce n'est autre chose que de dire que l'on fait toujours ce qui plaît le mieux, c'est-à-dire que l'on veut toujours ce qui plaît, c'est-à-dire que l'on veut toujours ce que l'on veut, et que dans l'état où est aujourd'hui notre âme réduite, il est inconcevable qu'elle veuille autre chose que ce qu'il lui plaît vouloir, c'est-à-dire ce qui la délecte le plus. » Voir aussi, *ibid.*, III, p. 795, § 13-14 : « Pour sauver ses élus, Dieu a envoyé Jésus-Christ pour satisfaire à sa justice, et pour mériter de sa miséricorde la grâce de Rédemption, la grâce médicinale, la grâce de Jésus-Christ, qui n'est autre chose qu'une suavité et une délectation dans la loi de Dieu, répandue dans le cœur par le Saint-Esprit, qui non seulement égalant, mais surpassant encore la concupiscence de la chair, remplit la volonté d'une plus grande délectation dans le bien que la concupiscence ne lui en offre dans le mal ; et qu'ainsi le libre arbitre, charmé par les douceurs et par les plaisirs que le Saint-Esprit lui inspire, plus que par les attraits du péché, choisit infailliblement lui-même la loi de Dieu par cette seule raison qu'il y trouve plus de satisfaction et qu'il y sent sa béatitude et sa félicité. § De sorte que ceux à qui il plaît à Dieu de donner cette grâce se portent d'eux-mêmes par leur libre arbitre à préférer infailliblement Dieu à la créature. »

de façon péremptoire se retourne contre les preuves et contre le projet apologétique dans son ensemble : il est admis que Dieu n'a pas besoin des preuves pour accorder la grâce et même que le don de sa grâce précède la lecture efficace des preuves. On cite le fragment où Pascal stipule que « la preuve est souvent l'instrument » de la foi : « *Fides ex auditu* » (S. 41), mais ce fragment même suscite une objection à la lecture d'Hélène Bouchilloux : d'une part, l'ordre suggéré ici par Pascal est bien l'ordre « naturel » : la conviction qui se fonde sur les preuves est « souvent » l'occasion du don de la grâce et non pas l'inverse. D'autre part, bien entendu, Dieu n'a pas besoin de cette *occasion* constituée par les preuves pour accorder sa grâce : il la donne gratuitement à l'occasion qui lui convient[20]. Or, si on envisage la grâce efficace comme une condition de la conviction par les preuves, on rend les preuves superflues et l'apologie inutile : elles arrivent trop tard. La conversion a déjà eu lieu.

Tout devient plus compréhensible et plus cohérent si on admet que Pascal compose une apologie parce qu'il pense qu'elle peut être utile pour susciter chez son interlocuteur une foi humaine. Il cherche à convaincre son interlocuteur de l'authenticité historique du témoignage que porte l'Écriture Sainte et de la vérité morale qui donne un sens à cette histoire biblique : « tout ce qui ne va point à la charité est figure » (S. 301). Cette conviction de l'esprit s'imprime dans le cœur au moyen de la « Machine » des habitudes : la discipline des rites mettent la sincérité à l'épreuve et humilient l'orgueil. L'interlocuteur, par conviction intellectuelle et par sentiment s'offre alors « par les humiliations aux inspirations » de la grâce : l'ambition de l'apologiste est ainsi parfaitement réalisée.

Reprenons notre commentaire. L'analyse pascalienne implique que le *sentiment* de la foi qui naît des habitudes – motivées par une conviction – n'est pas la *grâce*. Le sentiment de la foi humaine repose sur une conviction en ce qui concerne des témoignages qui paraissent vraisemblables : une telle conviction, transformée en *sentiment* par les habitudes (« faire dire

20 *Ibid.*, p. 660-661 : « [...] les expression contraires sont particulières à saint Augustin et à ses disciples, comme : *Le salut ne dépend que de Dieu* ; *La gloire est gratuite* ; *Ce n'est ni de celui qui veut ni de celui qui court, mais de Dieu qui fait miséricorde* ; *Ce n'est point par les œuvres, mais par la miséricorde* ; *Ce n'est point par les œuvres, mais par vocation* ; *C'est Dieu qui opère le vouloir et l'action suivant son bon plaisir* ; *Les commandements ne sont pas toujours possibles* ; *La grâce n'est pas donnée à tous* ; *Tous les hommes ne sont pas sauvés, non pas parce qu'ils ne le veulent pas, mais parce que Dieu ne veut pas* ; *Chaque action que nous faisons en Dieu est faite en nous par Dieu même.* »

la messe, prendre de l'eau bénite, etc. »), n'assure pas le salut. La foi humaine est un sentiment qui fait partie intégrante du *tempérament* qui est déterminé par la coutume (l'éducation, les habitudes…). Certes, le croyant est convaincu que ce sentiment le « dispose » à recevoir la grâce, mais cette attente n'est qu'un aspect de ce même sentiment – de cette même conviction et de cette même passion – et ne constitue pas en elle-même la grâce attendue. La foi humaine, selon la définition donnée par Pascal, est donc une conviction, un sentiment, une passion de l'âme comme une autre, qui peut, à la lumière de la raison aux prises avec de nouvelles informations (historiques ou exégétiques, par exemple) se révéler être une *fantaisie* – au même titre que le sentiment populaire que « le roi est terrible ». C'est la loi de la seconde nature. Nous n'apercevons que quelque « apparence du milieu des choses ».

Il s'ensuit que l'interlocuteur de Pascal qui se laisse convaincre par les preuves historiques de l'authenticité de l'Écriture Sainte, qui ouvre son esprit aux valeurs spirituelles de la charité de préférence aux biens matériels, qui imprime humblement et sincèrement cette conviction de l'esprit en son cœur au moyen de l'« abêtissement », de l'« automate », de l'habitude du corps, qui se plie aux rites religieux (« prendre de l'eau bénite », « faire dire des messes »), n'est pas sauvé pour cela : il ne peut que « s'offrir par les humiliations aux inspirations » sans certitude que la grâce lui sera accordée. On peut, comme l'affirme Pascal, « se perdre en honnête homme[21] » ; on peut aussi, pour ainsi dire, se perdre en croyant, en chrétien humble et sincère mais à qui manque la grâce. La conviction, l'humilité et la sincérité ne suffisent pas au salut. La grâce est un don gratuit : il n'y a aucun prétendu « mérite » humain qui puisse entrer en compte. La conviction du moraliste est qu'il vaut mieux se damner en « honnête homme » qu'en sot brutal et débauché[22] ; la prémisse de l'apologiste est qu'il vaut mieux se perdre en croyant – s'offrant, sans garantie, « par les humiliations aux inspirations » – plutôt qu'en libertin[23]. Ainsi l'interlocuteur de Pascal,

21 Pascal, « Troisième discours sur la condition des grands », in Pierre Nicole, *De l'éducation d'un prince […]*, Paris, la veuve de Charles Savreux, 1670, p. 284 ; éd. Ph. Sellier, *loc. cit.*, p. 753.

22 « Qu'ils soient au moins honnêtes gens s'ils ne peuvent être chrétiens ! » (S. 681).

23 Voir Sellier, Ph., « L'univers moral des *Pensées* », in *ibid., Port-Royal et la littérature. Pascal*, 2e éd., Paris, Honoré Champion, 2010, p. 437 : « Ainsi, ceux qui "s'emploient à chercher" Dieu (S. 192), […] subissent la fascination de la morale évangélique et s'efforcent de se

convaincu par ses arguments, cherchera à « opérer [son] salut avec crainte et tremblement. Car c'est Dieu qui opère en [nous] et le vouloir et le faire, selon qu'il lui plaît[24] ».

La foi de la seconde nature étant *coutume*, elle est soumise à la loi du tempérament, qui résume les effets des habitudes. C'est ce qui fait que les effets de la grâce ne se distinguent pas – aux yeux des hommes, y compris du sujet lui-même – de ceux du sentiment imprimé en notre cœur par la « Machine ». Ce que l'on pense faire sous l'effet de la grâce – qui n'est d'ailleurs pas inamissible – s'accomplit peut-être sous l'effet des habitudes et du tempérament. Dieu seul sonde les reins et les cœurs[25]. C'est ce que Pierre Bayle, autre disciple critique de Gassendi, exprime parfaitement en mettant explicitement à part les effets de la grâce :

> le véritable principe des actions de l'homme, (j'excepte ceux en qui la grâce du Saint-Esprit se déploye avec toute son efficace) n'est autre chose que le tempérament, l'inclination naturelle du plaisir, le goût que l'on contracte pour certains objets, le désir de plaire à quelqu'un, une habitude gagnée dans le commerce avec ses amis, ou quelque autre disposition qui résulte du fond de notre nature, en quelque pays que l'on naisse, et de quelques connoissances que l'on nous remplisse l'esprit[26].

La cohérence de l'anthropologie et du projet apologétique de Pascal exigeait cette nouvelle définition de la foi comme un sentiment suscité par les habitudes de la vie, qui sont à leur tour motivées par la conviction que l'Écriture comporte des témoignages convaincants, que le premier homme a péché, que le « renversement » de la nature de

---

conformer à l'agir chrétien, dans l'attente d'une foi que Dieu seul dispense, quand il lui plaît et à qui il lui plaît. »

24 Épître de saint Paul aux Philippiens, 2, 12-13 : traduction Isaac-Louis Le Maistre de Sacy, éd. Ph. Sellier, Paris, Robert Lafond (coll. « Bouquins »), 1990. Pascal a ce passage à l'esprit en composant les *Écrits sur la grâce*, éd. J. Mesnard, *loc. cit.*, III, p. 789, § 36, comme en témoignent les variantes portant sur « une créance mêlée de crainte et qui n'est pas accompagnée de certitude ».

25 Psaumes 7,10 ; Jérémie 11,20. Voir Pascal, *Écrits sur la grâce*, éd. J. Mesnard, *op. cit.*, III, p. 789 [je souligne] : « Que tous les hommes sont obligés [...] de croire qu'ils sont de *ce petit nombre d'élus* pour le salut desquels Jésus-Christ est mort, et d'avoir la même pensée de chacun des hommes qui vivent sur la terre, quelque méchants et impies qu'ils soient, tant qu'il leur reste un moment de vie, laissant dans *le secret impénétrable de Dieu* le discernement des élus d'avec les réprouvés. »

26 Bayle, Pierre, *Pensées diverses sur la comète*, Rotterdam, Reinier Leers, (1682) 1683, § 136, éd. M. Prat et P. Rétat, Paris, STFM, 1994, tome II, p. 12 ; éd. J. et H. Bost, Paris, GF-Flammarion, 2007, p. 293.

l'homme est une punition de sa Chute, que Jésus-Christ est le fils de Dieu et que sa leçon est celle de la charité, de l'amour du prochain, que les hommes qui croient en ces valeurs spirituelles peuvent être sauvés au moyen de la grâce divine et que les élus jouiront d'une vie infiniment heureuse après la mort. Cette foi humaine là – cette conviction, ce sentiment, cette passion de l'âme – est, en effet, conforme à la *seconde* nature humaine.

L'INTERLOCUTEUR DE PASCAL

Le libertin auquel Pascal s'adresse n'est pas un fantôme. Certes, il évoque Jacques Vallée des Barreaux, qui aurait aspiré à « renoncer à la raison et devenir bête brute » (S. 29), mais l'argumentation de Pascal ne s'adresse manifestement pas un libertin grossier qui refuse tout raisonnement. Nous savons qu'il fréquentait le chevalier de Méré et il cite Damien Mitton (S. 494) : ce sont deux théoriciens de l'« honnêteté », de la philosophie de la sociabilité qui est celle de l'honnête homme de la Cour et des salons à la mode. Les traités de Méré constituent un corpus de prédilection pour le sociologue : un choix de milieu social, une délimitation des frontières culturelles et mondaines, un culte des qualités requises pour appartenir au petit nombre des élus – au moyen des instruments idéologiques de la *distinction* que sont le « bon goût », une certaine « délicatesse du goût et du sentiment » qui fonde « l'agrément » et le « bon air ». Toutes ces qualités impalpables découlent du « vrai mérite » et s'accompagnent d'un « je-ne-sais-quoi qui se sent bien, mais qui ne s'explique pas si aisément » (I, p. 77, II.12)[1] qu'on peut appeler « gentillesse » (II, p. 12), qui consiste à respecter sans affectation les exigences de la « bienséance » et de la « bonne grâce ». Pour « plaire », « se rendre aimable », « se faire aimer » – car l'honnêteté est un art de plaire – pour être « comme il faut » (II, p. 37), il faut une certaine « hauteur d'âme et d'intelligence » (I, p. 41), un « cœur droit et sincère » (I, p. 52) et de la naissance (I, p. 43), et un « bon tempérament entre deux extrêmes » (I.96, III, p. 160), certes, mais il faut aussi être acteur (I, p. 42, III, p. 157), car l'honnêteté est un art des apparences. Elle « plaît toujours, et c'est à cela principalement qu'on la peut reconnaître » (I, p. 75) ; elle « fuit les extrémités » (I, p. 75) : elle implique donc une

---

1 Nos citations sont tirées de l'édition Charles Boudhors, *Œuvres complètes du chevalier de Méré*, Paris, Éditions Fernand Roche, 1930 : « [L'honnêteté] consiste en un je-ne-sais-quoi de noble qui relève toutes les bonnes qualités, et qui ne vient que du cœur et de l'esprit ; le reste n'en est que la suite et l'équipage" (I.77).

modération des passions, une éducation qui n'aboutit certainement pas à une ascèse :

> comme il y a des passions qui donnent bon air, et qui sont à rechercher, on en remarque d'autres qui le donnent mauvais, et qui nuisent toujours. (II.49)

Le culte des passions modérées, « honnêtes », qui plaisent et qui permettent d'apprécier les qualités des autres est un art qui corrige la nature sans la transformer, sans la « réformer ». Citant en exemple la débonnaireté de saint François de Sales, Méré compare son honnête homme au Christ, qui « aimait tout ce qui se faisait de bonne grâce » (II, p. 28) : « l'honnêteté est le comble et le couronnement de toutes les vertus » (III, p. 77)[2] ; on peut être sûr qu'en « toute sorte d'occasions [les honnêtes gens] feront ce qui dépend du cœur et de l'esprit pour en sortir à leur honneur » (III, p. 89). Ainsi, la qualité d'honnête homme est « au-dessus de tout » (III, p. 89).

Ce sont donc des critères humains – le plaisir, l'honneur – qui fondent le jugement sur les qualités, sur les « vertus » de l'honnête homme. Méré refuse l'ascèse ; il cultive certaines passions nécessaires au plaisir de la vie sociale et propose de suivre le chemin du plaisir mondain pour se rapprocher du Christ. Le plaisir de la vie sociale est devenu le critère selon lequel il juge de l'authenticité des vertus. Pascal avait parfaitement pénétré l'essence de cette doctrine fondamentalement étrangère au christianisme.

L'honnêteté est donc, selon les traités de Méré, un art de vivre au moyen du paraître : la vertu de l'honnête homme consiste à paraître vertueux pour mieux profiter de la « grâce » qu'une telle apparence confère. L'art de vivre est un art du paraître : l'honnête homme est un excellent acteur. C'est mettre en avant le thème du *theatrum mundi*, conformément au constat de La Mothe Le Vayer :

> Vous n'y verrez [dans mon ouvrage] quasi que des fables, ou des paradoxes. [...] Peut-être aussi ne pouvons-nous prendre un sujet plus convenable, si toute notre vie n'est, à le bien prendre, qu'une fable, notre connaissance qu'une ânerie, nos certitudes que des contes, bref tout ce monde qu'une farce et perpétuelle comédie[3].

2 « La dévotion et l'honnêteté vont presque les mêmes voies [...] de sorte que l'honnêteté n'est pas inutile au salut, et qu'elle y contribue extrêmement [...]" (*De la vraie honnêteté*, 1668, éd. citée, III, p. 101).

3 La Mothe Le Vayer, François de, *Dialogues faits à l'imitation des Anciens*, éd. A. Pessel, Paris, Fayard (Corpus), 1988, p. 13-14 ; éd. B. Roche, Paris, Honoré Champion, 2015, p. 44-45.

Theatrum mundi et *mundus est fabula* : représentation, paraître, faire-semblant, mensonge, masque, duperie, illusion : la fantasmagorie du monde de l'illusion a fait l'objet d'excellentes études de Jean-Pierre Cavaillé[4]. Pascal pourfend précisément ce faire-semblant qu'il dénonce comme superficiel :

> Le moi est haïssable. Vous Mitton le couvrez [...] En un mot le moi a deux qualités : il est injuste en soi, en ce qu'il se fait le centrede tout ; il est incommode aux autres, en ce qu'il les veut asservir, car chaque moi est l'ennemi et voudrait être le tyran de tous les autres. Vous en ôtez l'incommodité, mais non pas l'injustice. [...] Et ainsi vous demeurez injuste, et ne pouvez plaire qu'aux injustes. (S. 494)

Méré et Mitton propagent ainsi une morale fondée sur le principe de la prudence, conformément aux définitions fournies par La Mothe Le Vayer et par Gassendi : en effet, selon ce dernier, le bonheur est le « terme, c'est-à-dire ultime, dernier et plus grand des biens » (p. 616)[5] ; « il consiste dans le plaisir », qui est « par sa nature quelque chose de bon » (p. 619, 624-625) ; et « le plaisir sur quoi repose le bonheur, est l'absence de souffrance du corps et la tranquillité de l'esprit » (p. 627) ; c'est là « le plaisir fidèle à la raison » (p. 631). Les vertus de la sagesse, de la tempérance, du courage et de la justice se résument en « l'honnêteté » (p. 640-641), qui est la voie que la raison choisit pour se procurer « une vie agréable » (p. 641). La sagesse se résume en la « prudence » (p. 645), et la « sagesse privée » consiste essentiellement à « se connaître soi-même » (p. 647). Dans la vie sociale (p. 655-686), elle se traduit en tempérance, sobriété, continence, douceur, modestie, modération, et culmine dans la maîtrise de soi qui assure la tranquillité (p. 685) : au désir violent, les honnêtes gens préfèrent l'amitié délicate, « rare et choisie », qui leur permet d'atteindre la tranquillité selon les préceptes de Lucrèce. Armé

---

4 Cavaillé, J.-P., *Dis/simulations. Jules-César Vanini, François de La Mothe Le Vayer, Gabriel Naudé, Louis Machon et Torquato Accetto. Religion, morale et politique au XVIIe siècle*, Paris, Honoré Champion, 2002, et, « Scepticisme, tromperie et mensonge chez La Mothe Le Vayer et Descartes », in *The Return of scepticism*, dir. G. Paganini, Dordrecht, Kluwer, 2003, p. 115-131.

5 Toutes les citations de ce paragraphe sont tirées de la IIIe partie du *Traité de la philosophie d'Épicure* (*Philosophiæ Epicuri syntagma*) : « L'Éthique ou la morale », éd. et trad. T. Bédouelle, publiée dans *Libertins du XVIIe siècle*, dir. J. Prévot, Paris, Gallimard (Pléiade), 1998, t. I, p. 599-745. On trouve aussi parmi les écrits de La Mothe Le Vayer de très nombreux opuscules portant sur la morale de la prudence.

d'une telle sagesse, l'honnête homme vivra « comme un dieu parmi les hommes » (p. 745). Toutes ces définitions fournies par Gassendi d'après Épicure sont confirmées par les « opuscules et petits traités » de La Mothe Le Vayer.

Ces leçons sont parfaitement entendues par leurs lecteurs, au premier rang desquels il faut compter Molière. En effet, les qualités, mises en avant comme morale de la prudence, comme « art de vivre », par Gassendi et par La Mothe Le Vayer, définissent la vertu de l'honnête homme, de l'homme prudent dans le théâtre de Molière : ce sont les valeurs de la *Sagesse* de Pierre Charron[6] – Molière utilise d'ailleurs explicitement le terme clé de Charron : la *prud'homie*[7]. Et cette prud'homie est érigée par le dramaturge, comme par La Mothe Le Vayer, en véritable « art de vivre », car la prudence de l'honnête homme n'est pas un but en soi : elle n'est que le moyen d'accéder au véritable plaisir, c'est-à-dire au véritable bonheur. Molière suit fidèlement La Mothe Le Vayer et Gassendi sur ces points.

Or, cette morale sociale ne se réduit pas à un art de vivre dans la société des salons : elle se fonde sur des principes philosophiques qui ont une portée antichrétienne considérable. Charron avait déjà poussé bien loin l'analyse comparatiste des religions :

> Il faut que les religions soient apportées et baillées [données] par révélation extraordinaire et céleste, prises et reçues par inspiration divine, et comme venant du Ciel. Ainsi aussi disent tous qu'ils la tiennent et la croient, et tous usent de ce jargon, que non des hommes, ni d'aucune créature, ains [mais] de Dieu. Mais à vrai dire, sans rien flatter ni déguiser, il n'en est rien. *Elles sont, quoi qu'on dise, tenues par mains et moyens humains*[8].

Mais, accusé de scepticisme libertin, il s'était mis aussitôt à l'abri de son « bouclier » :

6 Bury, E., insiste aussi sur le rôle de Montaigne, *Littérature et politesse. L'invention de l'honnête homme, 1580-1750*, Paris, PUF, 1996, p. 41-44 ; voir en particulier, *Essais*, III.3 : « De trois commerces".

7 Molière, *Tartuffe*, acte IV, sc. 1, v. 1265 : Cléante à Tartuffe : « Et s'il faut que le Ciel dans votre cœur ait mis / Un invincible obstacle à vivre avec Damis, / Ne vaudrait-il pas mieux qu'en personne discrète / Vous fissiez de céans une *honnête* retraite, / Que de souffrir ainsi, contre toute raison, / Qu'on en chasse pour vous le fils de la maison ? / Croyez-moi, c'est donner de votre *prud'homie*, / Monsieur... » (je souligne).

8 Charron, Pierre, *De la sagesse*, éd. Georges Michel de Rochemaillet, Paris, 1607, livre II, chap. 5, p. 386 (je souligne).

> Je serois tel que vous dites si je me réglois sur les petites lumieres de ma raison ; mais je ne me fie point à un tel guide, je me soumets à l'autorité de Dieu, je captive mon entendement à l'obéissance de la foi. (*Ibid.*)

De même, La Mothe Le Vayer s'était aventuré à comparer les impostures :

> Escrire des fables pour des vérités, donner des contes à la postérité pour des histoires, c'est le fait d'un imposteur, ou d'un autheur léger et de nulle considération ; escrire des caprices pour des révélations divines, et des resveries pour des lois venues du Ciel, c'est à Minos, à Numa, à Mahomet, et *à leurs semblables*, estre grands Prophètes et les propres fils de Jupiter[9].

Il prend bien garde, cependant, à ne pas appliquer cette leçon explicitement à la religion chrétienne.

Molière connaît parfaitement les écrits de Charron et il est un familier de La Mothe Le Vayer : il hérite de leurs leçons et leur donne une tournure plus manifestement antichrétienne. L'honnête homme « prend tout doucement les hommes comme ils sont » (*Le Misanthrope*, v. 168) ; il ne cherche pas à « réformer » leur nature, qui est comme celle des animaux[10] ; il cherche seulement à les faire vivre au mieux ensemble, à corriger les mœurs, à signaler les défauts de comportement. En d'autres termes, il refuse la Chute, il refuse d'envisager la nature humaine comme « tombée en corruption », comme « entachée par le péché » : c'est d'ailleurs bien le reproche que Pascal lance à Mitton : « Le moi est haïssable. Vous Mitton le couvrez [...] Vous en ôtez l'incommodité, mais non pas l'injustice » (S. 494). Molière, c'est une évidence, ne cherche pas à convertir ses spectateurs ; il se contente de ridiculiser l'« incommodité » des vices, de stigmatiser les mœurs des tyrans vicieux qui troublent

---

9 La Mothe Le Vayer, François de, *Dialogues faits à l'imitation des Anciens*, « De la philosophie sceptique », éd. A. Pessel, p. 41 ; éd. B. Roche, p. 79 (je souligne).

10 Philinte : « Oui, je vois ces défauts dont votre âme murmure / Comme vices unis à l'humaine nature ; / Et mon esprit enfin n'est pas plus offensé / De voir un homme fourbe, injuste, intéressé, / Que de voir des vautours affamés de carnage, / Des singes malfaisants, et des loups pleins de rage. » (*Le Misanthrope*, acte I, sc. 1, v. 173-178)., réf I.1). Nous avons vu que c'est là précisément l'anthropologie que Pascal attribue à son interlocuteur libertin et qu'il accepte comme point de départ de son argument apologétique : « sa nature [la nature humaine] étant aujourd'hui pareille à celle des animaux... » (S. 149) : « l'homme est devenu semblable aux bêtes » (S. 182). Pascal fonde sur ce constat commun son argumentation en faveur de la Chute, envisagée comme la cause du bouleversement de la nature humaine, tandis que l'honnête homme de Molière « prend tout doucement les hommes comme ils sont ».

l'ordre social. En ce sens, Molière, qui a entendu la leçon de sociabilité et qui est fasciné par l'épicurisme de Lucrèce et de Gassendi, incarne le libertin auquel Pascal s'adresse. Bien entendu, Pascal ne songe pas à lui – la chronologie l'interdit – mais Molière tire la conclusion : « les principes de votre vie sont en vous-même[11] » : il faut suivre la nature. Il donne une parfaite expression dramaturgique à la philosophie libertine des honnêtes gens auxquels Pascal s'adresse : c'est un gassendiste qui refuse la christianisation d'Épicure[12].

11 Molière, *Le Malade imaginaire* (1673), acte III, sc. 6.

12 Je me permets de renvoyer sur ce point à mon étude, *Molière, dramaturge libertin*, Paris, Honoré Champion, 2004.

CONCLUSION

Pascal et l'apologétique de son temps

La réception des *Pensées* est compliquée par le fait que les premiers éditeurs ne partagent pas la philosophie religieuse et apologétique de Pascal. Celle-ci est fondamentalement opposée à la théologie rationaliste des cartésiens. Or, les *Pensées* sont éditées en 1670 par un groupe de « Pascalins » proches de Port-Royal, parmi lesquels Antoine Arnauld et Pierre Nicole, les auteurs de la *Logique* de Port-Royal, jouent un rôle central : c'est dire que cette apologie fondée sur une épistémologie gassendiste est éditée par des cartésiens, qui tiennent les démonstrations métaphysiques de l'existence de Dieu et de l'immortalité de l'âme pour des éléments cruciaux de l'argumentation apologétique. Nicole propose de tels arguments dans les *Essais de morale*[1] comme un « complément » des *Pensées* de Pascal, et cette contradiction attire l'attention sur la position radicale de l'apologiste.

L'abbé de Villars est le premier à réagir[2] et Voltaire suivra son exemple dans les *Lettres philosophiques*. De même, La Bruyère essaie maladroitement d'allier le fragment des « Deux Infinis » avec une preuve naturelle de l'existence de Dieu[3] ; Fénelon fait de même[4] : autre lecture qui témoigne du refus du statut privilégié de la preuve historique dans l'apologie pascalienne. C'est que Pascal tient les preuves métaphysiques et naturelles pour des preuves du « Dieu des philosophes », qui conduisent leurs adeptes à tomber dans l'athéisme ou dans le déisme : « sans Jésus-Christ est

1 Nicole, Pierre, « Discours contenant en abrégé les preuves naturelles de l'existence de Dieu et de l'immortalité de l'âme », dans *De l'éducation d'un prince* (Paris, 1670), qui fut republié en 1672 comme le tome II des *Essais de morale*.

2 Abbé Montfaucon de Villars, *De la délicatesse*, Paris, 1671 ; voir l'édition d'une partie importante de ce texte par D. Descotes, Paris, CNRS Éditions, 1980.

3 La Bruyère, Jean de, *Les Caractères*, éd. R. Garapon, « Des Esprits forts », n° 43, texte introduit en 1692.

4 Fénelon, *Traité de l'existence et des attributs de Dieu*, Paris, 1713 ; voir A. Chérel, « Fénelon lecteur de Pascal », *RHLF*, 15 (1908), p. 697-700.

ôtée toute communication avec Dieu » (S. 221). La réaction de Voltaire confirme la place des démonstrations métaphysiques dans l'édification du déisme au siècle des Lumières, et toute l'apologétique chrétienne du XVIIIe siècle tombe dans ce panneau en cherchant vainement à concilier le « Dieu des philosophes » avec le « Dieu d'Abraham, d'Isaac et de Jacob ». Le rationalisme théologique du triumvirat suisse – Jean-Alphonse Turrettini, Ostervald, Werenfels[5] – comme l'apologétique française sur le modèle cartésien de Pierre-Sylvain Regis[6] me semblent confirmer ce point de vue. L'« anti-Pascal » des philosophes, de Voltaire à d'Alembert et à Condorcet, de même.

Autre trait capital des *Pensées* publiées en 1670 et 1678, qui détermine les réactions des lecteurs à l'égard de la doctrine pascalienne des preuves : cette édition qui comprend des extraits des *Lettres à Mlle de Roannez*, de la *Prière pour le bon usage des maladies* et de la *Lettre sur la mort de son père*, n'est pas à proprement parler une apologie, mais un recueil de pensées, un monument à la mémoire de Pascal, un texte de méditation pour les fidèles. Non seulement un grand nombre de fragments sont supprimés ou modifiés, mais aussi l'ordre des chapitres est arbitraire. Ce caractère commémoratif de l'édition des *Pensées* et l'abandon de l'ordre apologétique de Pascal vont largement déterminer l'histoire posthume de l'ouvrage. En effet, les éditeurs incitent le public à lire les brouillons de l'apologiste comme les pensées d'un croyant, comme des confessions[7].

---

5 Voir Brucker, N. (dir.), *Apologétique 1650-1802. La nature et la grâce*, Berne, Peter Lang, 2010.

6 Regis, Pierre-Sylvain, *L'Usage de la raison et de la foy*, Paris, 1704, II.ii.1, p. 271-273 : « C'est pourquoi le Dieu d'Abraham, d'Isaac et de Jacob n'est pas Dieu considéré simplement comme auteur de la nature, mais Dieu considéré comme auteur de la grâce [...] sans qu'il faille s'imaginer qu'il y ait aucune autre différence entre le Dieu d'Abraham, d'Isaac et de Jacob, et Dieu auteur de la nature que celle qui consiste en ce qu'il a plu au même Dieu créateur du ciel et de la terre de régner sur Abraham, sur Isaac et sur Jacob, et sur leur postérité, par des pactes et des alliances, et qu'il n'a voulu régner sur les autres hommes que par les seules lois de la raison naturelle. [...] Il serait impossible d'éviter toutes les difficultés qui se présentent sur ce sujet, si l'on ne voulait recourir à la distinction que venons d'établir entre le Dieu d'Abraham, d'Isaac et de Jacob, et le Dieu qui est Créateur du ciel et de la terre. Or, il paraît par cette distinction, que bien que la foi et l'évidence soient incompatibles à l'égard du même objet considéré de la même manière, comme l'enseigne saint Thomas, cela n'empêche pas que nous croyions par la foi l'existence du Dieu d'Abraham, d'Isaac et de Jacob, parce que cette croyance n'a rien d'opposé à l'évidence que nous avons que Dieu existe comme auteur de la nature. Ce qui mérite particulièrement d'être remarqué. »

7 La publication en 1727 par Colbert de Croissy de fragments sur les miracles dans le cadre de la polémique autour des « convulsionnaires » et ensuite celle, par Desmolets, d'un

Cette édition est ainsi caractérisée d'abord par la rupture de la cohérence entre le portrait de la condition humaine et l'exposition des preuves scripturaires, et ensuite par l'importance des chapitres consacrés, hors du contexte d'un argument apologétique, au refus des preuves naturelles et métaphysiques de l'existence de Dieu (section XX), au fragment des « Deux Infinis » (section XXI) et à l'argument du « pari » (section VII)[8]. Les réactions immédiates des lecteurs contemporains, qu'elles soient favorables ou hostiles, portent essentiellement sur ces chapitres.

La *Vie de M. Pascal* composée par Gilberte Périer, qui accompagne les *Pensées* à partir de 1684, satisfait apparemment les lecteurs proches de Port-Royal, mais elle marque l'homme de façon indélébile comme un misanthrope et comme un « paradoxe » de l'espèce humaine, puisqu'il s'attachait à la maladie et « refusait tout plaisir ». Bayle ne tarde pas à relever ces bizarreries pour comparer les maximes pascaliennes avec la morale d'Épicure – et pour se moquer de la *Vie* comme un portrait hagiographique : « Qui ne voit que ces *Pensées* ne sont bonnes que pour un sermon, ou pour un livre de dévotion[9] ». Voltaire le suivra sur ce terrain, dénonçant la sombre folie du misanthrope qui refuse les plaisirs de la vie[10].

Enfin, l'événement qui marque l'histoire de la réception des *Pensées* de la façon la plus profonde sur le plan philosophique est certainement la publication des ouvrages de Malebranche[11]. L'oratorien dénonce la doctrine des « personnes de piété » qui doutent des pouvoirs de la raison. Le rationalisme chrétien de Malebranche se définit, au moyen des « preuves de simple vue », contre l'apologétique pascalienne : convaincu que toute contradiction entre la foi et la raison est impossible, le « philosophe chrétien » fait de la raison un critère solide de jugement sur

véritable « charivari » de fragments sans aucun fil argumentatif intensifient ce sentiment d'incohérence.

8 Pour une analyse plus approfondie de ces modifications, voir McKenna, A., *De Pascal à Voltaire : le rôle des Pensées de Pascal dans l'histoire des idées entre 1670 et 1734, Studies on Voltaire and the 18th century*, 276-277, Oxford, The Voltaire Foundation, 1990, et Pérouse, M., *L'Invention des* Pensées *de Pascal. Les éditions de Port-Royal (1670-1678)*, Paris, Honoré Champion, 2009.

9 Bayle, Pierre, *Nouvelles de la République des lettres*, décembre 1684, et décembre 1685, appendice.

10 Voltaire, *Lettres philosophiques*, XXV, rem. VI.

11 Malebranche, Nicolas, *De la Recherche de la vérité* (1674-1675) et *Traité de morale* (1684), dans *Œuvres complètes*, éd. A. Robinet, Paris, Vrin, 1959-1970, 21 vol., t. I-III, et t. XI.

l'« Ordre » des raisons divines. Or, les appréhensions de Pascal ne tardent pas à se réaliser : les philosophes clandestins se passent de la Révélation. Ils trouvent des contradictions insolubles entre notre conception rationnelle des qualités d'un Être infiniment parfait, d'une part, et les traits caractéristiques du « Dieu-colère » de l'Ancien Testament, d'autre part. Dès lors, celui-ci apparaît comme un imposteur. Nous en verrons plus loin un exemple.

Le deuxième aspect du malebranchisme qui marque la réception des *Pensées* de Pascal est la réhabilitation de l'amour-propre. Malebranche refuse la condamnation pascalienne et port-royaliste, car, déclare-t-il, sans amour-propre, les hommes ne rechercheraient pas leur bonheur, et l'amour de Dieu serait réduit à un jugement spéculatif sur Ses perfections : « tout motif est naturellement et nécessairement fondé sur l'amour-propre, ou sur le désir invincible d'être heureux[12] » : privé d'amour-propre, l'homme serait incapable d'amour. Mais, poursuit-il, la disposition à aimer l'Ordre de la vérité doit être réglée par la raison : c'est la condition pour que cet amour-propre se transforme en vertu, c'est-à-dire en un « amour habituel, libre et dominant de l'Ordre immuable[13] ». Ainsi, la disposition que l'amour-propre nous donne à aimer notre plaisir (ou notre bonheur) peut être réglée par la raison et devenir, d'un amour naturel (ou volontaire), un amour libre et méritoire.

Cette réhabilitation de l'amour-propre est le trait essentiel de ce qui deviendra, sous la plume des disciples plus ou moins fidèles à l'intention de Malebranche, la réhabilitation de la nature humaine contre sa condamnation par les moralistes augustiniens. En effet, dès lors que l'amour-propre est innocent, les passions sont innocentes : toute la question est donc de savoir si elles sont utiles. Les passions utiles seront innocentes ; les passions nuisibles seront coupables[14]. C'est l'étape suivante de cette évolution, qui, sous la conduite de l'abbé de Saint-Pierre, donnera comme cadre à l'analyse malebranchiste non plus la conduite de l'individu mais la morale sociale, et comme critère de jugement, l'utilité sociale. Après Fénelon, Ramsay, les romanciers et les philosophes du début du XVIIIe siècle suivent Malebranche sur ce point :

---

12 *Ibid.*, (XI, p. 102.

13 *Ibid.*, XI, p. 50.

14 Voir Voltaire, *Notebooks*, *OCV*, t. 82, p. 536 : « La vertu est ce qui est utile à la société : le vice au contraire. »

l'abbé de Saint-Pierre, Lesage, Marivaux, Prévost, Montesquieu[15]... Tout en lisant Mandeville – qu'il devait faire traduire par Mme Du Châtelet en avril 1736[16] –, Voltaire adopte leurs conclusions : « l'amour de soi-même est égal chez tous les hommes, et [...] il leur est aussi nécessaire que les cinq sens : [...] cet amour-propre nous est donné de Dieu pour la conservation de notre être[17] » ; « c'est l'amour de nous-même qui assiste l'amour des autres ; c'est par nos besoins mutuels que nous sommes utiles au genre humain ; c'est le fondement de tout commerce ; c'est l'éternel lien des hommes[18] ». C'est cette même morale, trempée dans la médecine de Montpellier, qui définit, sous la plume de Diderot, l'unité de l'être sensible (*Le Rêve de d'Alembert*) et de la communauté de sentiment (*Le Fils naturel*), et qui fonde enfin le calcul juste de l'intérêt commun (*Entretien avec la maréchale de* ***). Dans l'*Encyclopédie*, cette analyse est dirigée explicitement contre les moralistes de Port-Royal[19].

À partir de 1680, on constate ainsi le triomphe du rationalisme malebranchiste. Les manuscrits philosophiques clandestins en sont des témoins privilégiés. Ils se saisissent de la conception malebranchiste de « l'ordre de la Raison » :

> La Raison dont je parle est infaillible, immuable, incorruptible. Elle doit toujours être la maîtresse ; Dieu même la suit[20].

Et forts de ce principe, ils s'ingénient à opposer le récit biblique au bon sens du philosophe. L'auteur de *La Moïsade*, par exemple, dénonce l'incohérence et la barbarie du Dieu de l'Ancien Testament, dont la nature et les actes sont en opposition flagrante avec notre conception

15 Je me permets de renvoyer à deux de mes propres articles sur ce point : « L'abbé de Saint-Pierre et la critique du moralisme augustinien », in M. Delon et C. Seth (dir.), *Voltaire en Europe. Mélanges en l'honneur de Christiane Mervaud*, Oxford, The Voltaire Foundation, 2000, p. 181-194, et « La réalité des plaisirs, la plénitude du sentiment : Prévost, lecteur de Malebranche, de Bayle et de Pascal », in *Philosophie des Lumières et valeurs chrétiennes. Hommage à Marie-Hélène Cotoni*, dir. C. Mervaud et J.-M. Seillan, Paris, 2008, p. 105-124.

16 Voir Wade, I. O., *Voltaire and Mme Du Châtelet*, Princeton, PUP, 1950, appendice III, et, sur Mandeville, Carrive, P., *La Philosophie des passions chez Bernard Mandeville*, Lille, Septentrion, 1983, et Primer, I. (dir.), *Mandeville Studies*, The Hague, Nijhoff, 1975.

17 Voltaire, *Lettres philosophiques*, éd. O. Ferret et A. McKenna, Paris, Garnier, 2010, Lettre XXV, remarque III, p. 165-166.

18 *Ibid.*, Lettre XXV, remarque XI, p. 171-172.

19 *Encyclopédie*, art. « Intérêt » (1765) par Saint-Lambert.

20 Malebranche, *Œuvres complètes*, éd. citée, XI, p. 34.

d'un Souverain Être infiniment parfait. Après la lecture de l'Ancien Testament (Caïn et Abel, Déluge, condamnation de Cham, sacrifice d'Isaac, imposture de Jacob, tyrannie de Moïse), il s'exclame :

> Je suis indigné d'y trouver des traits qui blessent la grandeur et la majesté divine, et qui me le dépeignent aussi mauvais qu'il doit être bon. Tout me révolte, je crois errer dans le champ de l'imposture ; tout porte le sceau du fanatisme ; tout est marqué au coin de l'impertinence et du ridicule, de la cruauté et de la barbarie[21].

Au début du XVIIIe siècle (1720-1730), les acteurs du débat apologétique sont parfaitement identifiés : c'est bien à Malebranche que Robert Challe adresse ses *Difficultés*[22]. Non pas qu'il doute de Dieu ; au contraire, il le « sait » par une raison métaphysiquement certaine cautionnée par l'oratorien, mais il dénonce l'incompatibilité entre ce Dieu de la Raison et le Dieu de l'Écriture, de l'Histoire. Désormais, le « Système de religion fondé métaphysiquement sur les lumières naturelles » s'impose contre la religion « factice », contre celle qui ne se fonde que sur des récits de *faits*, d'événements historiques. L'unité de la Vérité aperçue et voulue par Malebranche vole ainsi en éclats. Diderot confirme :

> Une seule démonstration me frappe plus que cinquante faits. Grâce à l'extrême confiance que j'ai en ma raison, ma foi n'est point à la merci du premier saltimbanque. [...] Si la religion que tu m'annonces est vraie, sa vérité peut être mise en évidence et se démontrer par des raisons invincibles[23].

Du côté des apologistes, Houtteville fait crânement face, développant les preuves historiques de Pascal dans son traité *La Vérité de la religion chrétienne prouvée par les faits* (Paris, 1722), mais il est immédiatement accusé d'avoir proposé des réponses moins fortes que les objections. Ensuite, c'est à travers Houtteville que d'Alembert cherche à atteindre Pascal : dans l'*Éloge* qu'il consacre à l'académicien, il réorganise les *Pensées* de l'édition de Port-Royal et de Desmolets en soulignant l'opposition entre la foi de Pascal et son refus des preuves naturelles et rationnelles de l'existence de Dieu, attribuant dès lors sa foi à une superstition

21 Aix-en-Provence, Bibliothèque Méjanes ms 10 (703), § 7 ; éd. A. McKenna, « *La Moïsade* : un manuscrit clandestin voltairien », *Revue Voltaire*, 8 (2008), p. 67-97.

22 Challe, Robert, *Difficultés sur la religion proposées au Père Malebranche*, éd. F. Deloffre et F. Moureau, Paris, Droz, 2000.

23 Diderot, Denis, *Pensées philosophiques* n° 50, éd. P. Vernière, Paris, Garnier, 1980, p. 41.

maladive qui aurait prévalu sur son esprit digne d'un philosophe... et c'est précisément cette interprétation qui est reprise dans l'*Éloge de Pascal* par Condorcet (1776) et dans l'édition que Voltaire en établit ensuite (1778). L'opposition entre Pascal et Malebranche – dont les philosophes mettent en avant « l'ordre de la Raison » – saute aux yeux de tous.

Cependant – objection possible – selon Albert Monod, qui admet la défaite des apologistes sur le plan de la raison et de l'exégèse, la véritable leçon de Pascal serait un « sentiment du cœur » qui annonce celui de Rousseau et de Chateaubriand : il s'agit là, à mes yeux, d'une double méprise sur la nature du sentiment chez Pascal et chez Rousseau. Sans revenir ici sur la nature du *cœur* pascalien – qui n'a rien d'un sentimentalisme préromantique – qu'il suffise de dire que Rousseau est, comme l'a démontré Robert Derathé, un disciple de Malebranche : le sentiment sur lequel se fonde la *Profession de foi du vicaire savoyard* est un sentiment d'évidence, héritage des preuves de « simple vue[24] ». Rousseau n'a que faire des témoignages historiques : « Que d'hommes entre mon Dieu et moi[25] », s'exclame-t-il. Autrement dit, la religion de Rousseau consacre le triomphe du Dieu des philosophes.

Les preuves historiques – scripturaires – du Dieu d'Abraham, d'Isaac et de Jacob, sur lesquelles Pascal fonde son apologie, sont constituées essentiellement du récit de la Chute et d'une lecture figurative des prophéties et de l'ensemble du texte des Écritures. Or, l'évolution des arguments apologétiques que nous venons d'évoquer s'accompagne des progrès de l'exégèse biblique. Après Louis Cappel[26], Richard Simon enfonce le clou – malgré les manœuvres de Bossuet – en mettant en évidence les incertitudes de l'histoire du texte biblique et les difficultés d'interprétation : la Bible n'est pas un livre unique mais un recueil factice de textes datant de plusieurs siècles différents, Moïse n'est pas l'auteur du Pentateuque, les points-voyelles de la version massorétique des livres sacrés ouvrent un abîme à chaque pas[27]. Étienne Fourmont

24 Derathé, R., *Le Rationalisme de Jean-Jacques Rousseau*, Paris, Slatkine, 1948.

25 Rousseau, Jean-Jacques, *Émile*, livre IV : *La Profession de foi du vicaire savoyard*, in *Œuvres complètes*, éd. B. Gagnebin et M. Raymond, Paris, Gallimard (Pléiade), 1969, IV, p. 565-635, ici p. 610.

26 Voir Laplanche, Fr., *L'Écriture, le sacré et histoire. Érudits et politiques protestants devant la Bible en France au XVIIe siècle*, Amsterdam, Maarssen, APA-Holland University Press, 1986.

27 Simon, Richard, *Histoire critique du Vieux Testament*, [Paris 1678] Rotterdam, Reinier Leers, 1685 ; *Histoire critique de la créance et des coutumes des nations du Levant*, Francfort, 1684 ; *De*

prend le relais en dénonçant l'ignorance des langues anciennes chez les « mystagogues » : entendons, les interprètes « figuristes » de Port-Royal tels que Louis-Isaac Le Maistre de Sacy et Jacques-Joseph Du Guet[28]. Jean Astruc traduira la conclusion de ces recherches savantes dans ses *Conjectures sur les mémoires originaux dont il paroît que Moïse s'est servi pour composer le livre de la Genèse* (Bruxelles, 1753).

Spinoza avait déjà accompli le pas décisif dans le *Traité théologico-politique* dès 1670 : le prophète biblique ne doit pas être entendu à la lettre ; il traduit en images pour le peuple une leçon de morale rationnelle. Dès lors, la religion établie n'est qu'une concession aux esprits simples et ne sert qu'à maintenir l'ordre social ; à l'élite, elle est inutile, puisque les philosophes respectent par raison les règles auxquelles le peuple n'obéit que par l'espérance d'une récompense ou par peur d'une punition après la mort. Et tout l'édifice ecclésiastique, la hiérarchie de l'Eglise, la discipline imposée par le pape, par l'archevêque, par l'évêque et par le curé de paroisse apparaît désormais comme un instrument aux mains du pouvoir politique, comme une imposture politique, confirmant sur le plan philosophique l'évidence pratique imposée par le pouvoir : *cuius regio, eiusdem religio*. Évidemment, dans ce contexte, il était difficile de ne pas interpréter la révocation de l'édit de Nantes et la répression de Port-Royal comme deux actes forts d'expulsion de la *conscience* individuelle du domaine de la foi. L'Eglise apparaissait donc comme un espace *social*, comme une communauté humaine régie par un rapport de forces politiques.

Bayle est le témoin attentif du débat religieux du XVIIe siècle, et il tire des conclusions qui constituent autant de défis aux apologistes du

l'inspiration des livres sacrés [...], Rotterdam, Reinier Leers, 1687 ; *Histoire critique du Nouveau Testament, où l'on établit la vérité des actes sur lesquels la religion chrétienne est fondée*, Rotterdam, Reinier Leers, 1687. Voir Steinmann, J., *Richard Simon et les origines de la critique biblique*, s. l., 1960 ; Auvray, P., *Richard Simon (1638-1712). Étude bio-bibliographique avec des textes inédits*, Paris, 1974 ; Beaude, P.-M., « L'accomplissement des prophéties chez Richard Simon », *Revue des Sciences Philosophiques et Théologiques* 60 (janvier 1976), p. 3-35. ; Le Brun, J., « Sens et portée du retour aux origines dans l'œuvre de Richard Simon », *XVIIe siècle*, 131 (1981), p. 185-198.

28 Fourmont, Étienne, *Lettre de R. Ismaël Ben Abraham, juif converti, à M. l'abbé Houteville, sur un livre intitulé « La religion chrétienne prouvée par les faits »*, Paris, C. L. Thiboust, 1722 ; *Mouââcah, ceinture de douleur, ou réfutation du livre intitulé « Règles pour l'intelligence des Saintes Écritures » [par Jacques-Joseph Du Guet], composé par Rabbi Ismaël Ben Abraham*, Paris, C. L. Thiboust, 1723 ; *Réflexions critiques sur les histoires des anciens peuples chaldéens, hébreux, phéniciens, égyptiens, grecs, etc. jusqu'au temps de Cyrus*, Paris, chez Musier, Jombert, Briasson, Bulot, 1735, 2 vol.

siècle des Lumières. Sur le plan de l'exégèse, au grand dam de Jean Le Clerc, il refuse de céder un pouce de terrain sur le plan de l'inspiration de chaque mot du texte biblique :

> L'objection la plus générale que l'on propose contre eux [les sociniens] est qu'en refusant de croire ce qui leur paraît opposé aux lumières philosophiques et de soumettre leur foi aux mystères inconcevables de la religion chrétienne, ils fraient le chemin au pyrrhonisme, au déisme, à l'athéisme. On pourrait peut-être leur objecter qu'ils ouvrent la même porte, du moins indirectement, par la manière dont ils expliquent les passages de l'Écriture qui concernent la consubstantialité du Verbe. Car il semble qu'il résulte de leurs explications que les apôtres, animés d'un zèle ardent pour la gloire de Jésus-Christ, ont employé, en parlant de ses perfections, les figures et les phrases les plus outrées que la dévotion puisse suggérer. C'est ainsi que les dévots de la Sainte Vierge l'ont portée aussi haut qu'il leur a été possible et aussi près qu'ils ont pu d'une véritable et réelle déification. Mais s'il fallait attribuer aux enthousiasmes du zèle, et non pas à la direction immédiate du Saint Esprit, les expressions des apôtres, chacun voit que l'Écriture n'aurait guère plus d'autorité que les panégyriques des saints. Or, en ruinant la divinité de l'Écriture, on renverse toute la révélation, ensuite de quoi tout n'est que dispute de philosophes. (« Socin, Fauste », *in corp.*)

Dans le même article, il met aussi en évidence l'opposition irréductible entre les mystères de la doctrine chrétienne et la raison humaine, en se demandant pourquoi les sociniens ont voulu se débarrasser des mystères. C'est sans doute, pense-t-on en général, qu'ils voulaient attirer beaucoup de monde à leur secte en débarrassant la foi de ces gênes que constituent des mystères incompréhensibles :

> On suppose que, sans douter des mystères, [les sociniens] feignirent de les combattre, afin d'attirer beaucoup de monde. C'est un pesant joug pour la raison que de captiver son entendement à la foi des trois personnes de la nature divine et à celle d'un Dieu homme : on soulage donc infiniment les chrétiens lors qu'on les délivre de ce joug ; et par conséquent il est croyable qu'on se fera suivre par une foule de peuple si on leur ôte ce grand fardeau. Voilà pourquoi ces transfuges d'Italie transplantés dans la Pologne nièrent la Trinité, l'union hypostatique, le péché originel, la prédestination absolue, etc.[29]

Mais Bayle rejette cette supposition : les mystères ne rendent pas la religion plus difficile à croire pour le peuple ; au contraire…

29 Bayle, Pierre, *Dictionnaire historique et critique*, art. « Socin, Fauste », rem. H.

> Mais on peut répondre qu'ils eussent été bien sots, et bien indignes de l'éducation italienne, s'ils eussent pris cette voie de fourberie. Les mystères spéculatifs de la religion n'incommodent guère les peuples : ils fatiguent à la vérité un professeur en théologie, qui les médite avec attention pour tâcher de les expliquer et de satisfaire aux objections des hérétiques. Quelques autres personnes d'étude, qui les examinent avec une grande curiosité, peuvent aussi être fatiguez de la résistance de leur raison ; mais tout le reste des hommes sont là-dessus dans une parfaite tranquillité : *ils croient, ou ils croient croire*, tout ce qu'on en dit, et ils se reposent doucement dans cette persuasion. [...] Ils s'accommodent beaucoup mieux d'une doctrine mystérieuse, incompréhensible, élevée au dessus de la raison : on admire beaucoup plus ce que l'on ne comprend point ; on s'en fait une idée plus sublime, et même plus consolante. Toutes les fins de la religion se trouvent mieux dans les objets qu'on ne comprend point : ils inspirent plus d'admiration, plus de respect, plus de crainte, plus de confiance. [...] En un mot, il faut convenir que dans certaines matières *l'incompréhensibilité est un agrément*[30].

Le mystère est ici désigné comme le trait caractéristique de la religion populaire : « ils croient, ou ils *croient croire* » : la formule laconique met en doute implicitement notre capacité de croire ce que nous ne comprenons pas. Car ici la foi populaire, la foi aveugle, la foi qui inspire admiration, respect, crainte et confiance, se réduit à une foi « populaire et superstitieuse » selon les termes mêmes de Bayle (art. « Charron ») : on répète des formules incompréhensibles sans leur donner de sens précis, et on se persuade ainsi qu'on « croit », sans que ce terme même ait lui-même un sens précis.

Et ses objections s'étendent à tous les articles de la foi, car c'est le principe même d'une théologie rationaliste qui est rejeté : Bayle tient le malebranchisme pour la « philosophie chrétienne » la plus accomplie, vulnérable néanmoins à des objections insolubles. En particulier, une série de difficultés qu'il met en avant sont inhérentes à la définition même d'un Être infiniment parfait. En effet, aux yeux de Bayle, nous concevons la nature de Dieu selon les idées rationnelles et naturelles de bonté et de justice. Dieu se conforme nécessairement à notre idée de sa justice et de sa bonté : il est *nécessairement* un Être infiniment parfait. Cependant, l'existence du Mal dans le monde est incompatible avec l'existence d'un Dieu créateur infiniment parfait : aux arguments énumérés dans les articles « Manichéens » et « Pauliciens », Bayle ajoute

30 *Ibid.* ; je souligne.

de nouveaux raisonnements philosophiques dans son *Éclaircissement sur les manichéens* qui les renforcent et les approfondissent. Il découle de ce débat sur l'existence du Mal que l'existence d'un Dieu créateur est incompatible avec notre expérience quotidienne.

Sans suivre chaque étape de ce débat très complexe, qu'il suffise ici de citer sa conclusion :

> Il faut nécessairement opter entre la Philosophie et l'Évangile : si vous ne voulez rien croire que ce qui est évident et conforme aux notions communes, prenez la Philosophie et quittez le Christianisme : si vous voulez croire les Mystères incompréhensibles de la Religion, prenez le Christianisme, et quittez la Philosophie ; car de posséder ensemble l'évidence et l'incompréhensibilité, c'est ce qui ne se peut [...] Il faut opter nécessairement[31]...

C'est le refus définitif de la théologie rationaliste.

C'est ainsi, me semble-t-il, qu'on peut saisir le dilemme des apologistes du XVIIIe siècle : ou bien ils se saisissent des arguments métaphysiques et « naturels » proposés par les théologiens rationalistes, et alors ils démontrent, selon les termes de Pascal, l'existence du « Dieu des philosophes », c'est-à-dire qu'ils contribuent au triomphe du déisme ; ou bien ils se fient à l'Écriture, mais doivent se confronter à toutes les difficultés suscitées par les travaux exégétiques modernes ; ou bien enfin ils se fondent sur le mystère, conformément aux *Eclaircissements* de Bayle, et alors ils apparaissent comme les sectateurs d'une superstition obscurantiste. L'unité de la Vérité paraît bien compromise : la tentative de synthèse de Regis était vouée à l'échec : comment convaincre le lecteur que le Dieu d'Abraham, d'Isaac et de Jacob n'est autre que le Dieu des philosophes, et que le Dieu incarné du témoignage historique, le Dieu caché, est aussi celui de l'évidence rationnelle ?

31 Bayle, Pierre, *Dictionnaire*, *Eclaircissement sur les pyrrhoniens* (1702).

BIBLIOGRAPHIE DES OUVRAGES CITÉS

CORPUS DES TEXTES SOURCES

ARNAULD, Antoine, et Pierre Nicole, *La Logique ou l'art de penser*, éd. D. Descotes, Paris, Honoré Champion, 2011.

ASTRUC, Jean, *Conjectures sur les mémoires originaux dont il paroît que Moïse s'est servi pour composer le livre de la Genèse*, Bruxelles, Fricx, 1753.

BAYLE, Pierre, *Pensées diverses sur la comète*, Rotterdam, Reinier Leers, (1682) 1683, éd. M. Prat et P. Rétat, Paris, STFM, 1994 ; éd. J. et H. Bost, Paris, GF-Flammarion, 2007.

BERNIER, Jean, *Abrégé de la philosophie de Gassendi*, Paris, Fayard, 1992, 7 vol.

CHALLE, Robert, *Difficultés sur la religion proposées au Père Malebranche*, éd. F. Deloffre et F. Moureau, Paris, Droz, 2000.

CHARRON, Pierre, *De la sagesse*, éd. Georges Michel de Rochemaillet, Paris, 1607.

CYRANO DE BERGERAC, Savinien, *Les États et empires de la lune et du soleil (avec le fragment de physique)*, éd. M. Alcover, Paris, Champion Classiques, 2004.

DESCARTES, René, *Œuvres complètes*, éd. C. Adam et P. Tannery, Paris, 1897-1909, et Paris, Vrin/CNRS, 1964-1974, 11 vol. ; éd. F. Alquié, Paris, Garnier, 1963-1973, 3 vol.

DESCARTES, René, *Discours de la méthode*, éd. É. Gilson, Paris, Vrin, 1947.

DIDEROT, Denis, *Œuvres philosophiques*, éd. P. Vernière, Paris, Garnier, 1980.

FÉNELON, *Traité de l'existence et des attributs de Dieu*, Paris, 1713.

FONTAINE, Nicolas, *Mémoires ou histoire des Solitaires de Port-Royal*, Utrecht, 1736, II, p. 470 ; éd. P. Thouvenin, Paris, Honoré Champion, 2001.

FOURMONT, Étienne, *Lettre de R. Ismaël Ben Abraham, juif converti, à M. l'abbé Houteville, sur un livre intitulé « La religion chrétienne prouvée par les faits »*, Paris, 1722.

FOURMONT, Étienne, *Mouââcah, ceinture de douleur, ou réfutation du livre intitulé « Règles pour l'intelligence des Saintes Écritures » [par Jacques-Joseph Du Guet], composé par Rabbi Ismaël Ben Abraham*, Paris, 1723.

FOURMONT, Étienne, *Réflexions critiques sur les histoires des anciens peuples chaldéens, hébreux, phéniciens, égyptiens, grecs, etc. jusqu'au temps de Cyrus*, Paris, 1735, 2 vol.

GARASSE, François Garassus, dit, *La Doctrine curieuse des beaux esprits de ce temps ou prétendus tels [...]*, Paris, Sébastien Chappelet, 1623, éd. J. Salem, Paris, Belles Lettres, 2009.

GARASSE, François Garassus, dit, *La Somme théologique des veritez capitales de la religion chrestienne*, Paris, Sébastien Chappelet, 1625.

GASSENDI, Pierre Gassend, dit, *Dissertations en forme de paradoxes contre les aristotéliciens*, éd. et trad. B. Rochot, Paris, Vrin, 1959.

GASSENDI, Pierre Gassend, dit, *Disquisitio metaphysica. Recherches métaphysiques ou doutes et instances contre la métaphysique de Descartes et ses réponses*, éd. et trad. B. Rochot, Paris, Vrin, 1962.

GASSENDI, Pierre Gassend, dit, *Traité de la philosophie d'Épicure* (*Philosophiæ Epicuri syntagma*) : « L'Éthique ou la morale », éd. et trad. T. Bédouelle, in *Libertins du* XVIIe *siècle*, dir. J. Prévot, Paris, Gallimard (Pléiade), 1998, t. I, p. 599-745.

LA BRUYÈRE, Jean de, *Les Caractères*, éd. R. Garapon, Paris, Classiques Garnier, 1968.

LA FONTAINE, Jean de, *Discours à Mme de La Sablière*, éd. G. Couton, Paris, 1962.

LA MOTHE LE VAYER, François de, *Dialogues faits à l'imitation des Anciens*, éd. A. Pessel, Paris, Fayard (Corpus), 1988 ; éd. B. Roche, Paris, Honoré Champion, 2015.

MALEBRANCHE, Nicolas, *Œuvres complètes*, éd. A. Robinet, Paris, Vrin, 1959-1970, 21 vol.

MÉRÉ, Antoine Gombaud, chevalier de, *Œuvres complètes*, Paris, Éditions Fernand Roche, 1930, 3 vol.

MOLIÈRE, Jean-Baptiste Poquelin, dit, Œuvres complètes, éd. G. Couton, Paris, Gallimard (La Pléiade), 1971, 2 vol. ; éd. G. Forestier et C. Bourqui, Paris, Gallimard (La Pléiade), 2010, 2 vol.

MONTAIGNE, Michel de, *Essais*, éd. E. Naya, D. Reguig-Naya et A. Tarrête, Paris, Gallimard (coll. « Folio »), 2009.

NAUDÉ, Gabriel, *Considérations politiques sur les coups d'État*, Rome, 1639.

NICOLE, Pierre, « Discours contenant en abrégé les preuves naturelles de l'existence de Dieu et de l'immortalité de l'âme », dans *De l'éducation d'un prince* (Paris, chez la veuve de Charles Savreux, 1670).

PASCAL, Blaise, *Œuvres complètes*, éd. J. Mesnard, Paris, Desclée de Brouwer, 1964-2016, 4 vol.

PASCAL, Blaise, *Pensées*, éd. L. Lafuma, Paris, Luxembourg, 1950, 3 vol. ; éd. Ph. Sellier, Paris, Bordas, 1991 ; éd. Ph. Sellier et G. Ferreyrolles, Paris, Librairie Générale Française (Livre de Poche), 2000.

PASCAL, Blaise, *Pensées, opuscules et lettres*, éd. Ph. Sellier, Paris, Classiques Garnier, 2011.

REGIS, Pierre-Sylvain Leroy, dit, *L'Usage de la raison et de la foy*, Paris, 1704.

ROUSSEAU, Jean-Jacques, *Œuvres complètes*, éd. B. Gagnebin et M. Raymond, Paris, Gallimard (Pléiade), 1969-1995, 5 vol.

SAINT-CYRAN, Jean Duvergier de Hauranne, abbé de, *La Somme des fautes et faussetez capitales contenues en la Somme théologique du père François Garasse de la Compagnie de Jésus*, Paris, J. Bouillerot, 1626.

SIMON, Richard, *Histoire critique du Vieux Testament*, [Paris 1678] Rotterdam, 1685.

SIMON, Richard, *Histoire critique de la créance et des coutumes des nations du Levant*, Francfort, 1684.

SIMON, Richard, *De l'inspiration des livres sacrés [...]*, Rotterdam, 1687.

SIMON, Richard, *Histoire critique du Nouveau Testament, où l'on établit la vérité des actes sur lesquels la religion chrétienne est fondée*, Rotterdam, 1687.

SORBIÈRE, Samuel, *Relations, lettres et discours sur diverses matières curieuses*, Paris, F. Clousier, 1660.

SORBIÈRE, Samuel, *Discours sceptiques*, éd. S. Gouverneur, Paris, Honoré Champion, 2002.

VILLARS, Nicolas-Pierre-Henri de Montfaucon de Villars, dit abbé de, *De la délicatesse*, Paris, 1671, éd. D. Descotes, Paris, CNRS Éditions, 1980.

VOLTAIRE, *Lettres philosophiques*, éd. O. Ferret et A. McKenna, Paris, Classiques Garnier, 2010.

WALTON, Izaac, *The Compleat Angler*, 2e éd., London, 1655.

TRAVAUX CRITIQUES

ANTOINE-MAHUT, D., *L'Homme cartésien. La « force qu'a l'âme de mouvoir le corps » : Descartes, Malebranche*, Rennes, Presses Universitaires de Rennes, 2009.

ANTOINE-MAHUT, D., *Descartes. Une politique des passions*, Paris, PUF, 2011.

ANTOINE-MAHUT, D., « La structure passionnelle de l'âme malebranchiste : entre Descartes et Regius ? », in *Emotional Minds*, dir. S. Ebbersmeyer, Berlin, de Gruyter-Verlag, 2012, p. 51-68.

ANTOINE-MAHUT, D., *Qu'est-ce qu'être cartésien*, dir. D. Antoine-Mahut, Lyon, ENS Éditions, 2013.

ANTOINE-MAHUT, D., « Élisabeth philosophe : un cartésianisme empirique ? », in *Élisabeth face à Descartes : deux philosophes ?*, dir. M.-F. Pellegrin et D. Kolesnik-Antoine, Paris, Vrin, 2014, p. 119-138.

ANTOINE-MAHUT, D., « Reintroducing Descartes in the history of materialism : the effects of the Descartes/Hobbes debate on the first reception of Cartesianism », in *Cartesian Mind and Nature*, S. Gaukroger and C. Wilson (dir.), New-York, OUP, 2016.

ANTOINE-MAHUT, D., « The Story of *Man* », in *Descartes's* Treatise on Man *and its Reception*, dir. D. Antoine-Mahut and S. Gaukroger, Springer, fin 2016.

ANTOINE-MAHUT, D., « Qu'est-ce qu'un cartésien peut vraiment connaître de l'âme ? La réponse du docteur Regius », in *Chemins cartésiens*, dir. A. Del Prete et R. Carbone, Paris, Classiques Garnier, 2017.

ARMOGATHE, J.-R., « L'imagination de Mersenne à Pascal », in *Phantasia/Imaginatio. Lessico intelletuale Europeo*, éd. M. Fattori, M. Bianchi, Roma, Edizioni dell'Ateneo, 1987, p. 259-272.

AUVRAY, P., *Richard Simon (1638-1712). Étude bio-bibliographique avec des textes inédits*, Paris, 1974.

BAIRD, A. W. S., « Pascal's idea of nature », *Isis*, 61, 3, n° 208 (1970), p. 297-320.

BEAUDE, P.-M., « L'accomplissement des prophéties chez Richard Simon », *Revue des Sciences Philosophiques et Théologiques 60* (janvier 1976) 3-35.

BELIN, C., *L'Œuvre de Pierre Charron, 1541-1603. Littérature et théologie de Montaigne à Port-Royal*, Paris, Honoré Champion, 1995.

BERR, H., « Du scepticisme de Gassendi », *Les Études philosophiques* 16 (1961).

BLOCH, O., « Gassendi critique de Descartes », *Revue philosophique*, 156 (1966), p. 217-236.

BLOCH, O., Bloch, « Les études sur Épicure », in *Actes du VIIIe congrès de l'Association G. Budé* (1969).

BLOCH, O., *La Philosophie de Gassendi. Nominalisme, matérialisme et métaphysique*, La Haye, Nijhoff, 1971.

BOUCHILLOUX, H., « La politique pascalienne : contre Montaigne et Hobbes », *Revue Philosophique de la France et de l'Étranger*, 183 (1993), p. 661-682.

BOUCHILLOUX, H., *Apologétique et raison dans les* Pensées *de Pascal*, Paris, Klincksieck, 1995.

BOUCHILLOUX, H., « La portée anti-cartésienne du fragment des trois ordres », *Revue de métaphysique et de morale*, 1 (1997), p. 67-83.

BOUCHILLOUX, H., « La critique des preuves de l'existence de Dieu et la valeur du discours apologétique », *Revue internationale de philosophie*, 199 (1997), p. 5-29.

BOUCHILLOUX, H., *Pascal. La force de la raison*, Paris, Vrin, 2004.

BOUCHILLOUX, H., « Qu'est-ce qu'être cartésien, selon Pascal », in *Qu'est-ce qu'être cartésien ?*, dir. D. Antoine-Mahut, Lyon, ENS Éditions, 2013, p. 179-189.

BRUCKER, N. (dir.), *Apologétique 1650-1802. La nature et la grâce*, Berne, Peter Lang, 2010.

BURY, E., *Littérature et politesse. L'invention de l'honnête homme, 1580-1750*, Paris, PUF, 1996.

CARRAUD, V., *Pascal et la philosophie*, Paris, PUF, 1992.

CARRIVE, P., *La Philosophie des passions chez Bernard Mandeville*, Lille, Septentrion, 1983.

CAVAILLÉ, J.-P., *Dis/simulations. Jules-César Vanini, François de La Mothe Le Vayer, Gabriel Naudé, Louis Machon et Torquato Accetto. Religion, morale et politique au XVIIe siècle*, Paris, Honoré Champion, 2002.

CAVAILLÉ, J.-P., « Scepticisme, tromperie et mensonge chez La Mothe Le Vayer et Descartes », in *The Return of scepticism*, dir. G. Paganini, Dordrecht, Kluwer, 2003, p. 115-131.

CHÉREL, A., « Fénelon lecteur de Pascal », *RHLF*, 15 (1908), p. 697-700.

COUSIN, V., *Des* Pensées *de Pascal*, Paris, H. Fournier, 1842.

DAMME, S. van, *L'Épreuve libertine : morale, soupçon et pouvoirs dans la France baroque*, Paris, CNRS, 2008.

DARMON, J.-C., *Philosophie épicurienne et littérature au XVIIe siecle : études sur Gassendi, Cyrano de Bergerac, La Fontaine, Saint-Évremond*, Paris, PUF, 1998.

DARMON, J.-C., « Prudence politique et droit de propriété privée selon Bernier : pour une analyse utilitariste de la décadence des États du Grand Mogol », *Libertinage et philosophie au XVIIe siècle*, 3 (1999), p. 123-142.

DEPRUN, J., « Quand la nature lance les dés…, ou préhistoire des singes dactylographes », in *Le Jeu au XVIIIe siècle*, Aix-en-Provence, Édisud, 1976, p. 49-60.

DERATHÉ, R., *Le Rationalisme de Jean-Jacques Rousseau*, Paris, Slatkine, 1948.

DESCOTES, D., *L'Argumentation chez Pascal*, Paris, PUF, 1993.

DESCOTES, D., *Blaise Pascal. Littérature et géométrie*, Clermont-Ferrand, Presses Universitaires Blaise Pascal, 2001.

DESCOTES, D., « Le problème de l'ordre chez Pascal », *Studi francesi*, 143 (2004), p. 281-300.

ERNST, P., *Les Pensées de Pascal, géologie et stratigraphie*, Paris, Universitas/Oxford, Fondation Voltaire, 1996.

FERREYROLLES, G., *La Raison du politique*, Paris, PUF, 1984.

FERREYROLLES, G., *Les Reines du monde. L'imagination et la coutume chez Pascal*, Paris, Honoré Champion, 1995.

FISHER, S., *Pierre Gassendi's Philosophy and science : atomism for empiricists*, Leiden, Boston, Brill, 2005.

FOISNEAU, L. (dir.), *Dictionnaire des philosophes français du XVIIe siècle. Acteurs et réseaux du savoir*, Paris, Classiques Garnier, 2015.

FRIGO, A., « Pascal dans la *Recherche de la vérité* de Malebranche : l'imagination », *Les Études philosophiques*, 95 (2010), p. 517-534.

GATTI, R., *Politica e transcendenza. Saggio su Pascal*, Roma, Edizioni Studium, 2010.

GILSON, E., « Le sens du terme "abêtir" chez Blaise Pascal », *Les Idées et les lettres*, Paris, Vrin, 1932, p. 263-274.

GIOCANTI, S., *Penser l'irrésolution. Montaigne, Pascal, La Mothe Le Vayer : trois itinéraires sceptiques*, Paris, Honoré Champion, 2001.

GIOCANTI, S., « La fécondité des *Académiques* de Cicéron dans l'histoire du scepticisme », in *La réception des* Académiques *à l'Âge moderne*, dossier de la revue *Astérion. Philosophie, histoire des idées, pensée politique*, 11 (2013).

GODARD DE DONVILLE, L., *Le Libertin des origines à 1665, un produit des apologètes*, Seattle, PFSCL, 1989.

GOLDMANN, L., *Le Dieu caché, étude sur la vision tragique dans les* Pensées *de Pascal et dans le théâtre de Racine*, Paris, Galimard, 1955.

GOUHIER, H., *La Pensée métaphysique de Descartes*, Paris, Vrin, 1962.

GOUHIER, H., *La Pensée religieuse de Descartes*, Paris, Vrin, 1972.

GOUHIER, H., *Blaise Pascal, conversion et apologétique*, Paris, Vrin, 1986.

GOUVERNEUR, S., « Samuel Sorbière et la réhabilitation des passions », *Libertinage et philosophie au XVIIe siècle*, 4 (2000), p. 183-198.

GREGORY, T., *Scetticismo ed empirismo, Studio su Gassendi*, Bari, Laterza, 1961.

GUEROULT, M., *Descartes selon l'ordre des raisons*, Paris, Aubier, 1953.

HAMOU, Ph., *La Mutation du visible. Essai sur la portée épistémologique des instruments d'optique au XVIIe siècle*, Villeneuve d'Ascq, Presses du Septentrion, 1999-2001, 2 vol.

HILL, C., *The Intellectual Origins of the English Revolution*, London, OUP, 1965.

JASINSKI, R., « Les deux infinis de Pascal », *Revue d'histoire de la philosophie*, 7 (1933), p. 134-159.

JOUHAUD, C., « La méthode de François Garasse », in L. Giard et L. de Vaucelles (dir.), *Les Jésuites à l'âge baroque (1540-1660*, Grenoble, Jérôme Millon, 1996, p. 243-260.

JOUHAUD, C., « 1626 : les jésuites parisiens dans l'œil du cyclone », in *Pouvoirs, contestations et comportements dans l'Europe moderne. Mélanges en l'honneur du professeur Yves-Marie Bercé*, Paris, PUPS, 2005, p. 185-199.

KAMBOUCHNER, D., *L'Homme des passions*, Paris, Albin Michel, 1995, 2 vol.

KOYRÉ, A., « Gassendi et la science de son temps », in *Tricentenaire de P. Gassendi* (Paris, 1955), et *Études d'histoire de la pensée scientifique*, Paris, PUF, 1973.

KOYRÉ, A., « Gassendi le savant », in *Pierre Gassendi. Sa vie et son œuvre, 1592-1655*, dir. B. Rochot, A. Koyré, G. Mongrédien et A. Adam, Paris, Albin Michel, 1955, p. 60-70.

LAPLANCHE, Fr., *L'Écriture, le sacré et histoire. Érudits et politiques protestants devant la Bible en France au XVIIe siècle*, Amsterdam, Maarssen, APA-Holland University Press, 1986.

LAPORTE, J., *Le Rationalisme de Descartes*, Paris, PUF, 1945, 1950.

LAZZERI, C., *Force et justice dans la politique de Pascal*, Paris, PUF, 1993.

LE BRUN, J., « Sens et portée du retour aux origines dans l'œuvre de Richard Simon », *XVIIe siècle*, 131 (1981), p. 185-198.

LE GUERN, M., *Pascal et Descartes*, Paris, Nizet, 1971.

LE GUERN, M., « Sur une collaboration probable entre Pascal et Arnauld », *XVIIe siècle*, 173 (1991), p. 351-358.

LE GUERN, M., « Arnauld et Pascal », *Revue internationale de philosophie*, 48/190 (1994), p. 463-480.

LE GUERN, M., *Études sur la vie et les « Pensées » de Pascal*, Paris, Honoré Champion, 2015.

LENNON, T. M., *The Battle of the Gods and Giants. The legacies of Descartes and Gassendi, 1655-1715*, Princeton, Princeton University Press, 1993.

LENOBLE, R., *Mersenne, ou la naissance du mécanisme*, Paris, Vrin, 1943.

LE RU, V., *La Crise de la substance et de la causalité. Des petits écarts cartésiens au grand écart occasionaliste*, Paris, CNRS Éditions, 2003.

LESAULNIER, J., *Port-Royal insolite. Édition critique du « Recueil de choses diverses »*, Paris, Klincksieck, 1992.

MCKENNA, A., *De Pascal à Voltaire : le rôle des « Pensées » de Pascal dans l'histoire des idées entre 1670 et 1734, Studies on Voltaire and the 18th century*, 276-277, Oxford, The Voltaire Foundation, 1990.

MCKENNA, A., « L'abbé de Saint-Pierre et la critique du moralisme augustinien », in M. Delon et C. Seth (dir.), *Voltaire en Europe. Mélanges en l'honneur de Christiane Mervaud*, Oxford, The Voltaire Foundation, 2000, p. 181-194.

MCKENNA, A., « La réalité des plaisirs, la plénitude du sentiment : Prévost, lecteur de Malebranche, de Bayle et de Pascal », in *Philosophie des Lumières et valeurs chrétiennes. Hommage à Marie-Hélène Cotoni*, dir. C. Mervaud et J.-M. Seillan, Paris, Desjonquères, 2008, p. 105-124.

MCKENNA, A., « *La Moïsade* : un manuscrit clandestin voltairien », *Revue Voltaire*, 8 (2008), p. 67-97.

MARION, J.-L., *Sur le prisme métaphysique de Descartes*, Paris, PUF, 1986.

MAZAURIC, S., *Gassendi, Pascal et la querelle du vide*, Paris, PUF, 1998.

MÉCHOULAN, E., « Le libertinage politique de Pascal », *Littératures classiques*, 55 (2004), p. 93-103.

MÉNAND, J., *Le Père jésuite François Garasse (1585-1631) : un écrivain engagé du premier dix-septième siècle*, thèse sous la dir. de L. Thirouin, université de Lyon 2, 2016.

MESNARD, J., *Les « Pensées » de Pascal*, Paris, SEDES, 1976.

MESNARD, J., *La Culture du* XVII*e* *siècle*, Paris, PUF, 1992.

MONOD, A., *De Pascal à Chateaubriand : les défenseurs du christianisme de 1670 à 1802*, Paris, Alcan, 1916.

MURR, S. (dir.), *Corpus*, n° spécial *Bernier et les gassendistes*, 20/21 (1992).

MURR, S. (dir.), *Gassendi et l'Europe (1592-1792)*, Paris, Vrin, 1997.

NAYA, E., *Le Phénomène pyrrhonien : lire le scepticisme au* XVI*e* *siècle*, thèse inédite, université de Grenoble 3, 2000.

NICOLSON, M., « The microscope and the English imagination », *Smith College Studies in early modern languages*, 16, 4 (1935).

NICOLSON, M., « A world in the moon : a study of changing attitudes toward the moon », 17, 2 (1936).

PAGANINI, G., « Temps et histoire dans la pensée libertine », *Archives de philosophie*, 49 (1986), p. 583-602.

PAGANINI, G., « Épicurisme et philosophie au XVIIe siècle. Convention, utilité et droit selon Gassendi », *Studi filosofici*, 12-13, (1989-1990), p. 5-45.

PAGANINI, G., « Hobbes, Gassendi und die Hypothese der Weltvernichtung », in M. Mulsow et M. Stamm (dir.), *Konstellationsforschung*, Frankfurt-am-Main, Suhrkamp, 2005, p. 258-339.

PÉCHARMAN, M. (dir.), *Pascal. Qu'est-ce que la vérité ?*, Paris, PUF, 2000.

PÉROUSE, M., *L'Invention des* Pensées *de Pascal. Les éditions de Port-Royal (1670-1678)*, Paris, Honoré Champion, 2009.

Pierre Gassendi, sa vie et son œuvre, 1592-1655, Centre International de Synthèse, Paris, Albin Michel, 1955.

PINTARD, R., *Le Libertinage érudit dans la première moitié du* XVII*e* *siècle*, (Paris, 1943), Genève, Slatkine, 1983.

PINTARD, R., « Pascal et les libertins », in *Pascal présent, 1662-1692*, Clermont-Ferrand, De Bussac, 1963, p. 105-130.

POPKIN, R., *The History of scepticism from Erasmus to Spinoza*, Assen, Van Gorcum, 1960 ; Berkeley Los Angeles, London, University of California Press, 1979 ; *Histoire du scepticisme d'Érasme à Spinoza*, Paris, PUF, 1995.

POPKIN, R., « Épicurisme et scepticisme au début du 17e siècle », in *Actes du VIIIe Congrès de l'Association G. Budé*, Paris 1969, p. 698-707.

PRIMER, I. (dir.), *Mandeville Studies*, The Hague, Nijhoff, 1975.

PROUST, G., « Les copies des *Pensées* », *Courrier du Centre international Blaise Pascal*, 32 (2010), p. 4-47.

RABOURDIN, D., *Pascal. Foi et conversion. La « Machine » des* Pensées *et le projet apologétique*, Paris, PUF, 2013.

ROBBE-GRILLET, A., *Pour un nouveau roman*, Paris, Éditions Minuit, 1963.

ROCHOT, B., *Les Travaux de Gassendi sur Épicure et sur l'atomisme*, Paris, Vrin, 1944.

RODIS-LEWIS, G., *L'Individualité selon Descartes*, Paris, Vrin, 1950.

RODIS-LEWIS, G., *Le Problème de l'inconscient et le cartésianisme*, Paris, PUF, 1950.

RODIS-LEWIS, G., *Épicure et son école*, Paris, Gallimard, 1975, p. 99-107.

SCHMITT, C., *Cicero scepticus. A study of the influence of the « Academica » in the Renaissance*, The Hague, Martinus Nijhoff, 1972.

SCRIBANO, E., *L'Existence de Dieu. Histoire de la preuve ontologique de Descartes à Kant*, Paris, Seuil (coll. « Essais »), 2002.

SELLIER, Ph., *Pascal et saint Augustin*, Paris, Armand Colin, 1970.

SELLIER, Ph., *Port-Royal et la littérature*, Paris, Honoré Champion, 1999-2010, 2 vol.

SERRES, M., *Le Système de Leibniz et ses modèles mathématiques* Paris, PUF, 1968.

SHIOKAWA, T., *Pascal* et les *miracles*, Paris, A.-G. Nizet, 1977.

SHIOKAWA, T., « À propos de la distinction arnaldienne de la "foi divine" et de la "foi humaine" : signification de cette dichotomie », *Chroniques de Port-Royal*, 44 (1995), p. 187-198.

SHIOKAWA, T., « Logique et politique : le rôle de la notion de foi humaine dans l'affaire de la signature du Formulaire », in *Justice et force. Politiques au temps de Pascal*, éd. G. Ferreyrolles, Paris, Klincksieck, 1996, p. 307-316.

SHIOKAWA, T., « *Justus ex fide vivit* et *fides ex auditu* : deux aspects de la foi dans l'apologétique pascalienne », *Revue des sciences humaines*, 244 (1996), p. 159-178.

SHIOKAWA, T., « Le "pari" de Pascal : de l'apologie à la spiritualité », *Littératures classiques*, 39 (2000), p. 207-218.

SHIOKAWA, T., *Entre foi et raison : l'autorité. Études pascaliennes*, Paris, Honoré Champion, 2012.

SIMONETTA, D., *Histoire de l'idée d'intuition intellectuelle à l'âge classique* (1600-1770, France et Angleterre), thèse université Paris I Panthéon-Sorbonne, dir. A. Charrak, 2015, à paraître Paris, Garnier, 2017.

STEINMANN, J., *Richard Simon et les origines de la critique biblique*, s. l., 1960.

TALON-HUGON, C., « La question des passions dans l'œuvre de Pascal », in P.-F. Moreau (dir.), *Les Passions à l'âge classique*, Paris, PUF, 2006, p. 119-145.

TAUSSIG, S., « Gassendi, Naudé et La Mothe Le Vayer », *Libertinage et philosophie au* XVIIe *siècle*, 2 (1997), p. 63-74.

TAUSSIG, S., *Pierre Gassendi, introduction à la vie savante*, Turnhout, Brepols, 2003.

TAUSSIG, S., « La vie d'Épicure par Gassendi », in G. Paganini et E. Tortarolo (dir.), *Der Garten und die Moderne, Epikureische Moral und Politik vom Humanismus bis zur Aufklärung*, Stuttgart Bad Canstatt, Frommann-Holzboog, 2004, p. 139-161.

TAUSSIG, S., *Les Lettres latines de Gassendi*, Turnhout, Brepols, 2004.

TAUSSIG, S., *Vie et mœurs d'Épicure par Pierre Gassendi*, version bilingue, Paris, Les Belles Lettres, 2005.

THIROUIN, L., *Le Hasard et les règles : le modèle du jeu dans la pensée de Pascal*, Paris, Vrin, 1991.

THIROUIN, L., « Raison des effets, essai d'explication d'un concept pascalien », *XVIIe siècle*, 134 (1982), p. 31-50.

THIROUIN, L., « Les premières liasses des *Pensées* : architecture et signification », *XVIIe siècle*, 177 (1992), p. 451-468.

THIROUIN, L., « Le pari au départ de l'apologie », *Chroniques de Port-Royal*, 63 (2013), p. 67-82.

THIROUIN, L., *Pascal ou le défaut de la méthode*, Paris, Honoré Champion, 2015.

WADE, I. O., *Voltaire and Mme Du Châtelet*, Princeton, Princeton University Press, 1950.

WETSEL, D., *Pascal and disbelief. Catechism and conversion in the « Pensées »*, Washington, Catholic University of America Press, 1994.

WILSON, C., *Epicureanism at the origin of modernity*, Oxford, Clarendon Press, 2008.

INDEX DES NOMS PROPRES

TABLE DES MATIÈRES

IMPRIM'VERT®

Achevé d'imprimer par Corlet Numérique,
à Condé-sur-Noireau (Calvados). N° d'impression : 136910
Imprimé en France